13歳から自立するための言葉366

山口謠司 監修

PHP

13歳から自立するための言葉366　もくじ

子どもが自立するためには、大人の言葉が必要です。
この本で紹介する３６６の言葉の中に、
たったひとつでも、心に響く言葉がありますように。

第1章

チャレンジ精神を育む言葉

001

己《おのれ》の弱《よわ》さや不甲斐《ふがい》なさにどれだけ打《う》ちのめされようと　心《こころ》を燃《も》やせ　歯《は》を食《く》いしばって前《まえ》を向《む》け

漫画《まんが》『鬼滅《きめつ》の刃《やいば》』より。煉獄杏寿郎《れんごくきょうじゅろう》のこの言葉《ことば》には、続《つづ》きがある。「君《きみ》が足《あし》を止《と》めて蹲《うずくま》っても時間《じかん》の流《なが》れは止《と》まってはくれない　共《とも》に寄《よ》り添《そ》って悲《かな》しんではくれない」。人生《じんせい》の流《なが》れを変《か》えて挽回《ばんかい》したいと思《おも》うなら、立《た》ち上《あ》がって全力《ぜんりょく》で進《すす》んでいくしかないという、強《つよ》いメッセージだ。必死《ひっし》に前《まえ》を向《む》こうとすれば、流《なが》れは変《か》わる！

吾《ご》峠《とうげ》呼《こ》世《よ》晴《はる》

（漫画家）

002

不可能《ふかのう》は小心者《しょうしんもの》の幻影《げんえい》であり、卑怯者《ひきょうもの》の逃避所《とうひじょ》である。

「絶対《ぜったい》ムリ」と思《おも》ってしまったら、もうその先《さき》はない。かなえたい夢《ゆめ》があるなら、挑戦《ちょうせん》する前《まえ》にあきらめるのではなく、できる可能性《かのうせい》を探《さが》してみよう。不可能《ふかのう》に思《おも》えることでも、いろいろ工夫《くふう》してみることで、思《おも》わぬ展開《てんかい》や幸運《こううん》が待《ま》ち受《う》けていたりするものだ。やってみなければ、ムリかどうかはわからない。「できそうにない」とネガティブに思《おも》うのではなく、「できる！」と信《しん》じて挑戦《ちょうせん》しよう。

ナポレオン・ボナパルト

（皇帝、軍人、政治家）

003

未来《みらい》のことなんていうのは誰《だれ》にもわからないなかで、信念《しんねん》だけが支《ささ》えになる。

未来《みらい》のことは誰《だれ》にもわからない。何《なに》かに挑戦《ちょうせん》するときは、「この先《さき》どうなるんだろう」と怖《おそ》れや不安《ふあん》を感《かん》じるのは当然《とうぜん》のことだ。そんなネガティブな思《おも》いを必死《ひっし》でかき消《け》し、「必《かなら》ずうまくいく」と信《しん》じて努力《どりょく》をするんだ。根拠《こんきょ》なんてなくてもいいから、自分《じぶん》を信《しん》じよう。勝負《しょうぶ》どころでは、その信念《しんねん》だけが、きみを支《ささ》えてくれる。

本田圭佑《けいすけ》

（プロサッカー選手）

004

自信《じしん》は成功《せいこう》の第一《だいいち》の秘訣《ひけつ》である。

思《おも》うような結果《けっか》が出《で》ないとき、自分《じぶん》を信《しん》じ続《つづ》けるのはむずかしい。とはいえ、自分《じぶん》がこれまで積《つ》み重《かさ》ねてきたことは、確実《かくじつ》に自信《じしん》のもととなる。「継続《けいぞく》は力《ちから》なり」ということわざもある。たとえば、英会話《えいかいわ》の音声《おんせい》を毎日《まいにち》欠《か》かさずに聞《き》き続《つづ》けていると、少《すこ》しずつ英語《えいご》が聞《き》きとれるようになる。それは力《ちから》がついた証拠《しょうこ》だし、自信《じしん》になるはずだ。まずは、できることからコツコツと積《つ》み重《かさ》ねて、小《ちい》さな自信《じしん》をもとう。

ラルフ・ワルド・エマーソン

（思想家、哲学者、作家、詩人）

005

本気《ほんき》でやった場合《ばあい》に限《かぎ》るよ本気《ほんき》の失敗《しっぱい》には価値《かち》がある

宇宙飛行士《うちゅうひこうし》をめざす、『宇宙兄弟《うちゅうきょうだい》』の南波六太《なんばむった》の言葉《ことば》。本気《ほんき》で取《と》り組《く》むのなら、たとえ失敗《しっぱい》しても、次《つぎ》に生《い》かせる。失敗《しっぱい》したときは、なぜ失敗《しっぱい》したのか、どこがいけなかったのかを徹底《てってい》して調《しら》べ、データとして残《のこ》し、同《おな》じ失敗《しっぱい》を繰《く》り返《かえ》さないことだ。成功《せいこう》は失敗《しっぱい》の先《さき》にあるもの。何《なに》かに挑戦《ちょうせん》するなら、失敗《しっぱい》を恐《おそ》れてはいけない。

小山宙哉《ちゅうや》

（漫画家）

006

私《わたし》の夢《ゆめ》も、私《わたし》の計画《けいかく》も、私《わたし》の目標《もくひょう》も、行動《こうどう》があってはじめて命《いのち》が吹《ふ》き込《こ》まれ、生《い》きた力《ちから》になる。

どんなに綿密《めんみつ》な計画《けいかく》を立《た》てても、行動《こうどう》に移《うつ》さなければ、何《なに》もはじまらない。どれも「絵《え》に描《か》いた餅《もち》」だ。たとえば地図《ちず》がいかにも細《こま》かく、注意深《ちゅういぶか》く、迷《まよ》わないように描《えが》かれていたとしても、地図《ちず》がきみを運《はこ》んで移動《いどう》させてくれるわけではない。何《なに》はともあれ、まずは行動《こうどう》せよ！　自分《じぶん》の足《あし》で、はじめの一歩《いっぽ》を踏《ふ》み出《だ》すのだ。

オグ・マンディーノ

（自己啓発書作家）

007

人間《にんげん》が自分《じぶん》のなかの力《ちから》を認識《にんしき》するきっかけになるのは、冒険《ぼうけん》をしてみることでしかありません。

「これをやってみたら、どうなるんだろう?」とドキドキするようなことに挑戦《ちょうせん》してはじめて、今《いま》まで知《し》らなかった自分《じぶん》の力《ちから》に気《き》づくことができる。その力《ちから》を使《つか》いこなせるようになる。たとえば生徒会長《せいとかいちょう》に立候補《りっこうほ》するとか、自分《じぶん》で「リスクがあるな」と思《おも》うことに挑戦《ちょうせん》してみよう。きっと自分《じぶん》の知《し》らなかった力《ちから》を発見《はっけん》できる。

ミヒャエル・エンデ

（児童文学作家）

008

ハングリーであれ。愚《おろ》か者《もの》であれ。

ジョブズさんはアップルの創業者《そうぎょうしゃ》の1人《り》。亡《な》くなるまで世界《せかい》に影響《えいきょう》を及《およ》ぼし続《つづ》け、数々《かずかず》の業績《ぎょうせき》を残《のこ》した人《ひと》だ。生《い》きる姿勢《しせい》は若《わか》いときから変《か》わらない。興味《きょうみ》があることには、とことんのめりこむ。実現《じつげん》するまで粘《ねば》り強《づよ》く、あの手《て》この手《て》をくり出《だ》して突《つ》き進《すす》む。「愚《おろ》か者《もの》であれ」というのは、愚《おろ》か者《もの》に見《み》えるぐらい無謀《むぼう》でもいいから、理屈《りくつ》抜《ぬ》きにやりたいことに取《と》り組《く》みなさい、ということだ。

スティーブ・ジョブズ

（起業家、実業家）

009

とにかく自分《じぶん》たちの目《め》で確《たし》かめてみよう。やってみなければわからないじゃないか。

小柴《こしば》さんはニュートリノ天文学《てんもんがく》という新《あたら》しい学問分野《がくもんぶんや》を開拓《かいたく》し、ノーベル物理学《ぶつりがく》賞《しょう》を受賞《じゅしょう》した。「できそうもないことでも、やってみなければわからない」というのが小柴《こしば》さんの研究姿勢《けんきゅうしせい》だった。何《なに》か疑問《ぎもん》に思《おも》ったら、自分《じぶん》の目《め》で確《たし》かめてみよう。好奇心《こうきしん》を覚《おぼ》えたら、とりあえずやってみるようにすると、何《なに》かを発見《はっけん》できる。

小柴昌俊《まさとし》

（物理学者、天文学者）

010

乗《の》りかけた船《ふね》には、ためらわず乗《の》ってしまえ。

一度《いちど》でも「やろう」と決《き》めたのなら、余計《よけい》なことは考《かんが》えずに、前《まえ》を向《む》いて突《つ》き進《すす》もう。せっかく決《き》めて始《はじ》めたことなのに、誰《だれ》かにいわれた言葉《ことば》が気《き》になったり、うまくいくかどうか不安《ふあん》になったり、ついには「やめたほうが賢《かしこ》いんじゃないか」などと、理屈《りくつ》をあれこれ考《かんが》えたり。そういう迷《まよ》いは、いっさい不要《ふよう》。もう、思《おも》い切《き》ってやるしかない。そして、もし時間《じかん》がかかっても、結果《けっか》が出《で》るまでやり続《つづ》けるんだ。

イワン・セルゲーエヴィチ・ツルゲーネフ（小説家）

011

確信《かくしん》をもつこと。いや、確信《かくしん》をもっているかのように行動《こうどう》せよ。

この言葉《ことば》には、「そうすれば、しだいに本物《ほんもの》の確信《かくしん》が生《う》まれてくる」という続《つづ》きがある。本気《ほんき》でやりたいのであれば「絶対《ぜったい》できる！」と、自分《じぶん》に信《しん》じ込《こ》ませよう。「根拠《こんきょ》のない自信《じしん》」というやつだ。行動《こうどう》を重《かさ》ねるうちに、それは本物《ほんもの》の確信《かくしん》となり、結果《けっか》に結《むす》びついていく。失敗《しっぱい》したときのことを心配《しんぱい》しないことだ。

フィンセント・ファン・ゴッホ
（画家）

012

失敗者《しっぱいしゃ》と成功者《せいこうしゃ》の間《あいだ》にあるたったひとつの違《ちが》いは「習慣《しゅうかん》」の違《ちが》いだ。よい習慣《しゅうかん》はあらゆる成功《せいこう》の鍵《かぎ》である。

一方《いっぽう》、悪《わる》い習慣《しゅうかん》は「失敗《しっぱい》に通《つう》じる鍵《かぎ》のかかっていないドアのようなものだ」とマンディーノはいう。「習慣《しゅうかん》は別《べつ》の習慣《しゅうかん》によってのみ変《か》えることができる」とも。自《じ》分《ぶん》でも、「これはよくない習慣《しゅうかん》だな」と自覚《じかく》しているものがあれば、別《べつ》のよい習慣《しゅうかん》と取《と》り替《か》えて、実行《じっこう》してみよう。目安《めやす》は、30日間《にちかん》続《つづ》けること。

オグ・マンディーノ
（自己啓発書作家）

013

昨日《きのう》のために、今日《きょう》のほとんどを消費《しょうひ》してしまわないように。

「昨日《きのう》までの過去《かこ》の自分《じぶん》にこだわることなく、生《う》まれ変《か》わった気分《きぶん》で、新《あら》たな今日《きょう》という一日《いちにち》を生《い》きよう」という教《おし》え。「あんなこと、しなければよかった」と後悔《こうかい》ばかりしていても始《はじ》まらないし、「あのころは良《よ》かった」と過去《かこ》を振《ふ》り返《かえ》っても、新《あたら》しい可能性《かのうせい》に目《め》を向《む》けられなくなる。今日《きょう》という日《ひ》を精《せい》いっぱい楽《たの》しもう。

ネイティブ・アメリカンのチェロキー族の教え

014

飛《と》べるかどうかを疑《うたが》ったとたん、もう永久《えいきゅう》に飛《と》べなくなってしまう。

「わたしたちも、その晩《ばん》の勇気《ゆうき》あるピーター・パンのように自分《じぶん》の能力《のうりょく》をとことん信《しん》じ込《こ》めば、みんな飛《と》べるのかもしれません」と、バリーはいう。つまり「飛《と》べる」という信念《しんねん》をもつこと。どんなことでも同《おな》じ。「できる」と何《なん》の疑《うたが》いもなく信《しん》じていれば、できるんだ。「できる」という信念《しんねん》が、きみに翼《つばさ》をくれる。

ジェームス・マシュー・バリー
（小説家、劇作家）

015

ぼく、もう何《なに》もしないでなんか、いられなくなっちゃったんだ。

「何《なに》もしないでいる」とは、「ただブラブラ歩《ある》きながら、きこえないことをきいたり、何《なに》も心配《しんぱい》しないでいること」だと、『クマのプーさん』シリーズに登場《とうじょう》する心《こころ》やさしい少年《しょうねん》クリストファー・ロビンがプーにいう。時間《じかん》を無駄《むだ》にできるのは、子《こ》ども時代《じだい》まで。何《なに》かをしないではいられなくなったら、大人《おとな》に近《ちか》づいた証拠《しょうこ》だ。

A・A・ミルン

（児童文学作家、推理小説家）

016

神《かみ》は我々《われわれ》に成功《せいこう》など望《のぞ》んでいません。挑戦《ちょうせん》することを望《のぞ》んでいるのです。

きみが本気《ほんき》でやりたいことなら、成功《せいこう》するかどうかなんて考《かんが》えることはない。「挑《ちょう》戦《せん》すること自体《じたい》が、神《かみ》が望《のぞ》んでいるすばらしいことなのだ」と、マザー・テレサはいっている。成功《せいこう》する保証《ほしょう》なんかなくても、ただひたすら挑戦《ちょうせん》を続《つづ》けよう。挑戦《ちょうせん》は人生《じんせい》を豊《ゆた》かにしてくれるし、その熱意《ねつい》は周《まわ》りの人《ひと》たちに伝《つた》わっていく。

マザー・テレサ

（カトリック修道女、聖人）

017

あなたの人生《じんせい》を代《か》わりに生《い》きてくれる人《ひと》はいない。

あなたの人生《じんせい》で、楽《たの》しい思《おも》いをするのは自分《じぶん》だけれど、つらい思《おも》いをするのも自分《じぶん》だ。誰《だれ》もつらい部分《ぶぶん》を引《ひ》き受《う》けてはくれない。大事《だいじ》に育《そだ》ててくれた親《おや》でも、きみの代《か》わりにきみの人生《じんせい》を生《い》きることはできない。だから、なんでもかんでもいわれたとおりにするのではなく、自分《じぶん》の頭《あたま》で考《かんが》え、自分《じぶん》で道《みち》を選《えら》んで進《すす》んでいこう。そうすれば、結果《けっか》がよくても悪《わる》くても、納得《なっとく》がいくはずだ。

ドリー・パートン

（シンガーソングライター）

018

自分《じぶん》に足《た》りないものを受《う》け入《い》れる素直《すなお》さ、もっと成長《せいちょう》し続《つづ》けたいという気持《きも》ちがその人《ひと》を突《つ》き動《うご》かしていく。

平昌《ピョンチャン》オリンピック・スピードスケート女子《じょし》500メートルで金《きん》メダルをとった小《こ》平《だいら》選手《せんしゅ》。「負《ま》けを潔《いさぎよ》く受《う》け入《い》れることができれば、負《ま》けをさらに強《つよ》くなるためのステップにできる」ともいう。できない自分《じぶん》を受《う》け入《い》れる素直《すなお》さが成長《せいちょう》のパワーになる。自分《じぶん》を肯定《こうてい》し、さらに成長《せいちょう》したいと努力《どりょく》することで、もっと強《つよ》くなる。

小平奈緒《なお》

（スピードスケート選手）

019

世《よ》の人《ひと》は　われをなにとも　言《ゆ》はばいへ
わがなすことは　われのみぞしる

江戸時代《えどじだい》の末期《まっき》、何度《なんど》も挑戦《ちょうせん》をくり返《かえ》し、時代《じだい》を動《うご》かした坂本龍馬《さかもとりょうま》が詠《よ》んだ歌《うた》。「世《よ》の中《なか》の人《ひと》には、好《す》きなようにいわせておけばいい。自分《じぶん》がすることは自分《じぶん》にしかわからない」という意味《いみ》だ。誰《だれ》もわかってくれなくても、自分《じぶん》は何《なに》をするべきかを知《し》っている、という決意表明《けついひょうめい》。自分《じぶん》がわかっていることが大事《だいじ》なのだ。

坂本龍馬
（土佐藩郷士）

020

やってみなはれ。やらなわからしまへんで。

サントリーの創業者《そうぎょうしゃ》、鳥井信治郎《とりいしんじろう》さんの口《くち》グセ。社員《しゃいん》が「こういうアイデアがあります」というと「やってみなはれ」と後押《あとお》しをする。リスクを考《かんが》えると、むずかしいと思《おも》うこともあるかもしれない。しかし、やってみると、思《おも》ったほど大変《たいへん》じゃなかったりする。大《おお》ごとに考《かんが》えて尻込《しりご》みしないで、チャレンジしてみよう。失敗《しっぱい》しても学《まな》ぶことは必《かなら》ずあるし、思《おも》ってもみない展開《てんかい》が待《ま》ち受《う》けているかもしれない。

鳥井信治郎
（実業家）

021

感《かん》じるのだ。

映画《えいが》『スター・ウォーズ　エピソード5／帝国《ていこく》の逆襲《ぎゃくしゅう》』で、フォースの修行中《しゅぎょうちゅう》にヨーダが教《おし》えた言葉《ことば》。何《なに》も考《かんが》えずに、ただ心《こころ》を研《と》ぎ澄《す》まし、感《かん》じなさいという意《い》味《み》。この「ただ感《かん》じる」というのは、普段《ふだん》の生活《せいかつ》にも応用《おうよう》できる。「どうしよう」と迷《まよ》ったとき、理詰《りづ》めで答《こた》えを出《だ》すのではなく、心《こころ》の奥深《おくふか》くでただ感《かん》じてみる。すると「自分《じぶん》は、本当《ほんとう》はどうしたいのか」がわかったりするんだ。

リー・ブラケット／ローレンス・カスダン
（脚本家）

022

一日《いちにち》の最後《さいご》に必《かなら》ず30分間《ぷんかん》、心《こころ》を鎮《しず》める時間《じかん》を作《つく》りたかった。

ＦＩＦＡワールドカップ　南《みなみ》アフリカ大会期間中《たいかいきかんちゅう》の話《はなし》。キャプテンだった長谷部選《はせべせん》手《しゅ》は、チームとしての行動《こうどう》が終《お》わるとホテルの部屋《へや》に戻《もど》り「心《こころ》を鎮《しず》める30分《ぷん》の時《じ》間《かん》」を必《かなら》ず作《つく》った。電気《でんき》を消《け》さずにベッドで横《よこ》になり、音楽《おんがく》もテレビも消《け》して目《め》は開《あ》けたまま、ただ無心《むしん》に深呼吸《しんこきゅう》をしながら全身《ぜんしん》の力《ちから》を抜《ぬ》いていく。メンタルを整《ととの》えるための大切《たいせつ》な習慣《しゅうかん》だ。きみも毎日《まいにち》、「心《こころ》を鎮《しず》める時間《じかん》」を習慣《しゅうかん》にしてみないか？

長谷部 誠
（プロサッカー選手）

023

自分《じぶん》で自分《じぶん》に責任《せきにん》を持《も》って、自分《じぶん》に対《たい》して可哀《かわい》そうな想《おも》いをさせないように生《い》きていくことよ。

「あなたの一生《いっしょう》はあなただけのもの。弁護士《べんごし》になろうと、ヤクザになろうと、サラリーマンになろうと、乞食《こじき》になろうと、それは誰《だれ》のものでもない」――これらは、美輪《みわ》さんが弟《おとうと》に宛《あ》てた手紙《てがみ》の一節《いっせつ》だという。どう生《い》きるかは勝手《かって》だけれど、その結果《けっか》は、よくも悪《わる》くも自分《じぶん》に戻《もど》ってくる。後悔《こうかい》しない人生《じんせい》を選択《せんたく》しよう。

美輪明宏《あきひろ》

（シンガーソングライター、俳優、演出家）

024

懸《か》けられるわ　私《わたし》が私《わたし》であるためだもの

漫画《まんが》『呪術廻戦《じゅじゅつかいせん》』より、「なぜ、呪術高専《じゅじゅつこうせん》にきたのか」という質問《しつもん》に対《たい》する釘崎《くぎさき》野薔薇《のばら》の答《こた》え。「周《まわ》りの人《ひと》たちに合《あ》わせて本音《ほんね》を隠《かく》し、自分《じぶん》を殺《ころ》して生《い》きるような人生《じんせい》はいやだ。自分《じぶん》らしく生《い》きるためなら、人生《じんせい》を懸《か》けられる」といっているんだ。自分《じぶん》で納得《なっとく》できる生《い》き方《かた》をしたいという強《つよ》い信念《しんねん》の言葉《ことば》。きみにとって「自分《じぶん》が自分《じぶん》であるための生《い》き方《かた》」ってどういうものだろう？　考《かんが》えてみて！

芥《あくた》見下々《みげげ》

（漫画家）

025

手《て》の届《とど》く範囲《はんい》でいい　救《すく》える奴《やつ》は救《すく》っとけ　迷《まよ》っても感謝《かんしゃ》されなくても　とにかく助《たす》けてやれ

漫画《まんが》『呪術廻戦《じゅじゅつかいせん》』より、虎杖悠仁《いたどりゆうじ》の祖父《そふ》が死《し》に際《ぎわ》に残《のこ》した言葉《ことば》。困《こま》っている人《ひと》を助《たす》けるのは人《ひと》としてあたりまえのことだ、という意味《いみ》。たとえば東日本大震災《ひがしにほんだいしんさい》のとき、たくさんの人《ひと》がボランティアとして駆《か》けつけ、被災《ひさい》した人《ひと》たちを助《たす》けた。自《じ》分《ぶん》が誰《だれ》かを助《たす》けられる立場《たちば》にあるのなら、手《て》を差《さ》し伸《の》べる。それが、人《ひと》の道《みち》だ。

芥見下々

（漫画家）

026

多《おお》くのことを達成《たっせい》できない人間《にんげん》には2つのタイプがある。

カーネギー氏《し》によれば、それは、「言《い》われたことをやろうとしない人間《にんげん》と、言《い》われたことしかやらない人間《にんげん》」なのだという。だったら、その逆《ぎゃく》をやればいい。言《い》われたことは、多少納得《たしょうなっとく》できないところはあっても、素直《すなお》にやってみる。課題《かだい》が出《で》ればちゃんとやるし、アドバイスを受《う》けたら、とりあえずやってみる。そして、自《じ》分《ぶん》なりの創意工夫《そういくふう》を付《つ》け加《くわ》えて、言《い》われた以上《いじょう》のことをやればいいのだ。

アンドリュー・カーネギー

（実業家、慈善活動家）

027

何《なに》はともあれ、自分《じぶん》にプレッシャーを与《あた》えることの必要性《ひつようせい》をみなさんも考《かんが》えてみてはいかがでしょうか？

松本《まつもと》さんのこの言葉《ことば》には、「(プレッシャーは)もしかすると自分《じぶん》の中《なか》にあるパワーを最大限《さいだいげん》に引《ひ》き出《だ》してくれる天《てん》からの授《さず》かり物《もの》ではないだろうか」という言葉《ことば》が続《つづ》く。プレッシャーから逃《に》げるのではなく、しっかりと立《た》ち向《む》かってこそ、高《たか》い集《しゅう》中《ちゅう》力《りょく》が発揮《はっき》され、困難《こんなん》を突破《とっぱ》するための知恵《ちえ》や力《ちから》が湧《わ》いてくるのだ。

松本人志

（お笑い芸人）

028

わたしにはわたしを素敵《すてき》にする責任《せきにん》がある。

これはファッションビル「ルミネ」のキャッチコピー。女《おんな》の子《こ》でも男《おとこ》の子《こ》でも、自《じ》分《ぶん》を素敵《すてき》にする責任《せきにん》がある。それはファッションだけの話《はなし》じゃない。顔《かお》の表情《ひょうじょう》だったり、能力《のうりょく》だったり、物事《ものごと》への取《と》り組《く》み方《かた》だったり、他人《たにん》との接《せっ》し方《かた》だったり……と、人《ひと》を「素敵《すてき》」にするものには、いろいろな要素《ようそ》がある。ときどき客観《きゃっかん》的《てき》に自分《じぶん》を見《み》てみて、「もっとこんなふうになりたい」とイメージしてみよう。

尾形真理子

（コピーライター）

029

人生《じんせい》はどちらかです。勇気《ゆうき》をもって挑《いど》むか、棒《ぼう》にふるか。

人生《じんせい》というのは選択《せんたく》の連続《れんぞく》だ。ときどき思《おも》ってもみないチャンスもやってくる。そのときに、「冒険《ぼうけん》だけど、チャンスだからやってみよう」と思《おも》うのか、今《いま》いる環境《かんきょう》が居心地《いごこち》よかったり、あるいは環境《かんきょう》が変《か》わることに怖気《おじけ》づいたりして、「このままでいい」と一歩《いっぽ》を踏《ふ》み出《だ》さないままかで、人生《じんせい》は大《おお》きく変《か》わる。チャンスが目《め》の前《まえ》にあるときには挑戦《ちょうせん》したほうがいい。勇気《ゆうき》を出《だ》して踏《ふ》み出《だ》そう。

ヘレン・ケラー

（教育家、社会福祉事業家）

030

ムダなことを考《かんが》えて、ムダなことをしないと、伸《の》びません。

「これをしたらどうなるかな？」「こっちの方法《ほうほう》はうまくいくだろうか？」と考《かんが》えて、いろいろ試《ため》してみることが大事《だいじ》だ。その結果《けっか》をデータとして覚《おぼ》えておくことで、「正《ただ》しい努力《どりょく》のしかた」がわかってくる。最初《さいしょ》はムダになったり、よい結果《けっか》が出《で》なかったりしても、考《かんが》えて試《ため》すこと自体《じたい》に大《おお》きな意味《いみ》があるんだ。

イチロー

（元プロ野球選手）

031

勝兵《しょうへい》は先《ま》ず勝《か》ちて而《しか》る後《のち》に戦《たたか》い、敗兵《はいへい》は先《ま》ず戦《たたか》いて而《しか》る後《のち》に勝《か》ちを求《もと》む。

「戦《たたか》いに勝《か》つ人《ひと》は、まず勝《か》ちを決《き》めてから戦《たたか》う。負《ま》ける人《ひと》は、戦《たたか》ってから勝《か》とうとするから負《ま》けるのだ」と孫武《そんぶ》はいっている。まず最初《さいしょ》に、自分《じぶん》が勝利《しょうり》を確信《かくしん》できるだけの道筋《みちすじ》を考《かんが》え、計画《けいかく》を立《た》てる。あとはただ、計画《けいかく》を実行《じっこう》すればいい。とりあえず戦《たたか》ってみて、それから勝《か》つ方法《ほうほう》を考《かんが》えるのでは遅《おそ》すぎる、ということだ。

孫武《そんぶ》

（武将、兵法書『孫子』の著者）

032

他《ほか》の誰《だれ》でもない、徹底的《てっていてき》に自分《じぶん》らしいことをしなさい。

「これは私《わたし》の人生《じんせい》よ、やりたいようにやるわ！」「私《わたし》は私《わたし》よ！」「これは私《わたし》の人生《じんせい》だし、それを生《い》きるのは私《わたし》だけよ！」というのは、世界的人気《せかいてきにんき》キャラクター・スヌーピーが活躍《かつやく》する漫画《まんが》『ピーナッツ』に出《で》てくるルーシーの言葉《ことば》。きみは世界《せかい》に1人《ひとり》しかいない、唯一《ゆいいつ》の存在《そんざい》だ。他《ほか》の人《ひと》のマネをしないで、自分《じぶん》らしくあろうとするのがいい。でも、自分《じぶん》らしいことって、何《なん》だろう？　じっくりと考《かんが》えてみよう。

チャールズ・M・シュルツ

（漫画家）

033

自分《じぶん》は有用《ゆうよう》な材《ざい》であるという自信《じしん》ほど、その人《ひと》にとって有益《ゆうえき》なことはない。

「有用《ゆうよう》な材《ざい》」というのは「役《やく》に立《た》つ人間《にんげん》」のこと。自分《じぶん》が役《やく》に立《た》っているというのは、自分《じぶん》でわかるものだ。誉《ほ》められるし、感謝《かんしゃ》されるし、大事《だいじ》な用事《ようじ》も頼《たの》まれる。信頼《しんらい》されるし、笑顔《えがお》で迎《むか》えられる。どんなにささいなことでもいいから、人《ひと》の役《やく》に立《た》つことを身《み》につけよう。そして、人《ひと》の役《やく》に立《た》とう。自信《じしん》が湧《わ》いてくるよ。

アンドリュー・カーネギー

（実業家、慈善活動家）

034

人《ひと》と違《ちが》う生《い》き方《かた》はそれなりにしんどいぞ。何《なに》が起《お》きても誰《だれ》のせいにもできないからね。

映画《えいが》『耳《みみ》をすませば』で、雫《しずく》のお父《とう》さんが「自分《じぶん》の信《しん》じる通《とお》りやってごらん」と励《はげ》ましたあとにいった言葉《ことば》。雫《しずく》は作家《さっか》になる夢《ゆめ》をもっている。「自分《じぶん》が信《しん》じる道《みち》」なら、挑戦《ちょうせん》するのがいい。しかし、お父《とう》さんがいうように、収入《しゅうにゅう》の道《みち》を確保《かくほ》したり、人《ひと》に認《みと》められたりするのは大変《たいへん》だ。でも、やってみる価値《かち》は、絶対《ぜったい》にある。

宮崎 駿《はやお》

（アニメ映画監督）

035

自分《じぶん》を常《つね》に切《き》り開《ひら》いていく姿勢《しせい》をもつことが、この人生《じんせい》を最高《さいこう》に旅《たび》することになるのだ。

新《あたら》しい体験《たいけん》や、見《み》たり聞《き》いたりしたことをそのままにしておかないで、自分《じぶん》の仕事《しごと》や生活《せいかつ》のなかで生《い》かしてこそ、豊《ゆた》かな人生《じんせい》となる。「こういうものを見《み》たよ」で終《お》わらせない。おもしろそうだと思《おも》ったら、やってみる。あるいは違《ちが》う方法《ほうほう》を試《ため》してみたり、日記《にっき》に書《か》いて深《ふか》く考《かんが》えたりすることで、さらに実《みの》りの多《おお》い人生《じんせい》となる。

フリードリヒ・ヴィルヘルム・ニーチェ

（哲学者、古典文献学者）

036

元気《げんき》を出《だ》しなさい！不死身《ふじみ》にならなければいけません！

人生《じんせい》では、形勢《けいせい》が不利《ふり》な場合《ばあい》も、がんばらないといけない。ボクシングにたとえるなら、パンチをよけたり、当《あ》たっても我慢《がまん》してしのぐのだ。それぐらいの覚悟《かくご》がないと、世《よ》の中《なか》に出《で》て最初《さいしょ》の一撃《いちげき》でノックアウトされてしまう。ケストナーは「世《よ》の中《なか》というものは、とほうもなく大《おお》きなグローブをはめていますよ」といっている。

エーリヒ・ケストナー

（小説家、詩人）

037

型《かた》を持《も》って、型《かた》にこだわらない。

白鵬関《はくほうぜき》の得意《とくい》とする型《かた》は左上手《ひだりうわて》をとる「右四《みぎよ》つ」だそうだ。しかし、その型《かた》にはこだわらない。土俵《どひょう》の上《うえ》では自由自在《じゆうじざい》に動《うご》き、相手《あいて》の出方《でかた》に合《あ》わせていろいろな技《わざ》をくりだす。信念《しんねん》はあるが、柔軟《じゅうなん》な心《こころ》を忘《わす》れないのが白鵬関《はくほうぜき》。きみも「自分《じぶん》はこうだ」というものがあるかもしれないけれど、ひとつにこだわり過《す》ぎてはいけない。視線《しせん》を全方位《ぜんほうい》にめぐらせ、柔軟《じゅうなん》な心《こころ》と発想《はっそう》を忘《わす》れないようにしたいもの。

白鵬 翔《しょう》

（大相撲力士、第69代横綱）

038

習慣《しゅうかん》は快《こころよ》いものである。

「なぜなら、習慣《しゅうかん》として身《み》についているものは、事実上《じじつじょう》、もって生《う》まれたのと同《おな》じようなものになっているから」と、アリストテレスはいった。つまり、習慣《しゅうかん》は第《だい》二《に》の天性《てんせい》だということだ。毎日《まいにち》の習慣《しゅうかん》にしてしまえば、それはやがて、あなたにとって天性《てんせい》の才能《さいのう》に匹敵《ひってき》する何《なに》かをもたらす。これはスゴいことだ。自分《じぶん》を分析《ぶんせき》してみて、悪《わる》い習慣《しゅうかん》と思《おも》えるものはやめて、よい習慣《しゅうかん》に変《か》えてしまおう。

アリストテレス

（哲学者）

039

頭《あたま》は冷静《れいせい》に　心《こころ》は熱《ねつ》

大谷翔平選手《おおたにしょうへいせんしゅ》が花巻東高校《はなまきひがしこうこう》の1年生《ねんせい》のときに書《か》いた、野球部《やきゅうぶ》の「目標達成《もくひょうたっせい》シート」。目標《もくひょう》に掲《かか》げたのは「8球団《きゅうだん》ドラフト1位《い》」、そのために精神面《せいしんめん》で気《き》をつけることとして、この言葉《ことば》を記《しる》した。その後《ご》、見事《みごと》にドラフト1位《い》で日本《にっぽん》ハムに入《にゅう》団《だん》。今《いま》は二刀流《にとうりゅう》でメジャーリーグでも大活躍中《だいかつやくちゅう》だ。夢《ゆめ》をかなえるためには、体《からだ》を鍛《きた》えたり、技術《ぎじゅつ》を磨《みが》いたりも大事《だいじ》だけれど、精神面《せいしんめん》の心《こころ》がけも大事《だいじ》なんだね。

大谷翔平

（プロ野球選手）

040

後《うし》ろを見《み》るな！　前《まえ》も見《み》るな！　今《いま》を見《み》ろ！

後《うし》ろ（過去《かこ》）を振《ふ》り返《かえ》ると、後悔《こうかい》からくよくよして立《た》ち止《ど》まる。前《まえ》（未来《みらい》）を気《き》にすると、不安《ふあん》になって進《すす》めない。後《うし》ろと前《まえ》ばかりを見《み》ていると、一歩《いっぽ》を踏《ふ》み出《だ》せなくなるよ。熱《あつ》い男《おとこ》、松岡修造《まつおかしゅうぞう》さんが見《み》るのは「今《いま》」のみ。今《いま》、この瞬間《しゅんかん》の一所懸《いっしょけん》命《めい》の積《つ》み重《かさ》ねが未来《みらい》の自分《じぶん》を作《つく》るんだ。油断《ゆだん》していると、「今《いま》」はすぐに「過去《かこ》」になってしまう。過去《かこ》や未来《みらい》のことで、思《おも》い悩《なや》まなくていい。

松岡修造

（スポーツキャスター、タレント）

041

逆境《ぎゃっきょう》は嫌《きら》いじゃない。弱《よわ》い、というのは強《つよ》くなる可能性《かのうせい》がある。

金《きん》メダルの連覇《れんぱ》がかかる冬季五輪《とうきごりん》。ケガが続《つづ》いてぶっつけ本番《ほんばん》で臨《のぞ》むことになった羽生結弦選手《はにゅうゆづるせんしゅ》の大会前《たいかいまえ》の言葉《ことば》。トップに君臨《くんりん》し、追《お》われる立場《たちば》は、独特《どくとく》のプレッシャーがある。ケガをして満足《まんぞく》な練習《れんしゅう》ができていない身《み》には、なおのこと。でも、自分《じぶん》を「弱《よわ》い」と認《みと》められる人間《にんげん》こそが、本当《ほんとう》の意味《いみ》で強《つよ》い人間《にんげん》になれるのだ。

羽生結弦

（フィギュアスケート選手）

042

わたしは自分《じぶん》の他《ほか》、だれにもなりたくないわ。

『赤毛《あかげ》のアン』の作中《さくちゅう》で、「お金持《かねも》ちになりたい。ダイヤモンドに癒《いや》されたい」という同級生《どうきゅうせい》に、アンはこういう。丘《おか》や湖《みずうみ》に名前《なまえ》をつけるロマンチストな少女《しょうじょ》アンの人生《じんせい》には、孤児院《こじいん》で育《そだ》ったり、引《ひ》き取《と》られた先《さき》が、実《じつ》は男《おとこ》の子《こ》をほしがっていたりと、困難《こんなん》が待《ま》ち構《かま》えている。でも、アンの明《あか》るさや素直《すなお》さは周囲《しゅうい》の人《ひと》や自《みずか》らの運命《うんめい》をも変《か》えていくんだ。自分《じぶん》のことを好《す》きでいられるって素敵《すてき》なことだね。

ルーシー・モード・モンゴメリ

（小説家）

043

したことの後悔《こうかい》は、日《ひ》に日《ひ》に小《ちい》さくすることが出来《でき》る。していないことの後悔《こうかい》は、日《ひ》に日《ひ》に大《おお》きくなる。

仕事《しごと》も遊《あそ》びもパワフルな林真理子《はやしまりこ》さんの言葉《ことば》。「したこと」と「していないこと」の後悔《こうかい》の違《ちが》い、それは結果《けっか》がわかっているか、いないかなんだ。結果《けっか》がわかっていれば、次《つぎ》はがんばるぞ！　とか、寝《ね》て忘《わす》れてしまおうとか対処法《たいしょほう》を考《かんが》えつく。だけど結果《けっか》がわからないと、「あのときやっておけば」と、引《ひ》きずってしまうよ。

林 真理子

（小説家）

044

壁《かべ》を乗《の》り越《こ》えることが重要《じゅうよう》なのじゃなくて、まず壁《かべ》にブチ当《あ》たることが大事《だいじ》なんです。

わからないことは、検索《けんさく》すれば、スマホの画面《がめん》にすぐに答《こた》えが出《で》てくる。でも冨永《とみなが》愛《あい》さんは、自分《じぶん》の体《からだ》を使《つか》って壁《かべ》にブチ当《あ》たることに意味《いみ》があるといっている。自分《じぶん》でやってみて得《え》た答《こた》えは自信《じしん》につながるし、納得《なっとく》も成長《せいちょう》もある。妥協《だきょう》さえも糧《かて》になるから、と。痛《いた》くても、壁《かべ》はきみに、きみだけの素敵《すてき》な答《こた》えを与《あた》えてくれるよ。

冨永 愛

（ファッションモデル）

045

まだ解散《かいさん》するまでの挑戦《ちょうせん》を俺《おれ》たちはしていないんじゃないか。

サンドウィッチマンは仲《なか》のよさで知《し》られる芸人《げいにん》コンビだけれど、売《う》れなくて解散《かいさん》の危機《きき》もあった。伊達《だて》さんに会社《かいしゃ》を辞《や》めさせてまで芸人《げいにん》の道《みち》に誘《さそ》った相方《あいかた》の富澤《とみざわ》さんは、自分《じぶん》を強《つよ》く責《せ》めて、解散《かいさん》の話《はなし》を持《も》ちかけた。そのときの伊達《だて》さんの言葉《ことば》。お互《たが》いを思《おも》いやりながら、くさらずに努力《どりょく》を続《つづ》けてきたからこそ今《いま》があるんだね。

伊達みきお

（お笑い芸人）

046

スープでいちばん熱《あつ》いのは、いつだって最初《さいしょ》の一口《ひとくち》。

「ひゃあ、熱《あつ》いっ」と最初《さいしょ》の一口目《ひとくちめ》は舌《した》をやけどしそうでも、フーフーと冷《さ》ましたり、ちょっと時間《じかん》をおくうちに、味《あじ》わえるようになり、おいしくいただける。それと同《おな》じで、はじめての仕事《しごと》や勉強《べんきょう》は、慣《な》れないから大変《たいへん》だし、きついかもしれない。しかし、ちょっと我慢《がまん》して、がんばって取《と》り組《く》んでいると、やがて要領《ようりょう》もわかり、効率《こうりつ》よくこなせるようになるし、どんどん楽《たの》しくなる。

アイルランドのことわざ

047

仕事《しごと》は探《さが》してやるものだ。自分《じぶん》が創《つく》り出《だ》すものだ。与《あた》えられた仕事《しごと》をやるのは雑兵《ぞうひょう》だ。

戦国時代《せんごくじだい》を終焉《しゅうえん》に導《みちび》いた革新的《かくしんてき》なリーダー、織田信長《おだのぶなが》のこの言葉《ことば》は、「指示待《しじま》ち人間《にんげん》ではいけないよ」と教《おし》えてくれている。きみも、とりあえず周《まわ》りを見渡《みわた》して、「自分《じぶん》にできる仕事《しごと》はないか」と考《かんが》えてみよう。見《み》つけたら、すぐに行動《こうどう》するように心《こころ》がければ、求《もと》められていることをつかむ力《ちから》と、柔軟《じゅうなん》な考《かんが》え方《かた》が身《み》につく。

織田信長

（戦国武将）

048

教《おし》えてくれなきゃできないって言《い》ってる人間《にんげん》には、教《おし》えたってできない。

講談師《こうだんし》としては、はじめて人間国宝《にんげんこくほう》に認定《にんてい》された一龍斎貞水《いちりゅうさいていすい》さん。「怪談《かいだん》の貞水《ていすい》」ともいわれた。入門《にゅうもん》したころ、周《まわ》りは老大家《ろうたいか》ばかり。若手《わかて》としてネタをつくり、照明《しょうめい》や音響《おんきょう》も工夫《くふう》して、道《みち》を切《き》り開《ひら》いてきた。自分《じぶん》1人《ひとり》でやる覚悟《かくご》がなければ、物事《ものごと》は習得《しゅうとく》できない。教《おし》えてもらうのを待《ま》つのではなく、自分《じぶん》から学《まな》ぶんだ。

一龍斎貞水

（講談師）

049

こだまは叫《さけ》んだとおりに答《こた》える。

「ヤッホー」と山《やま》に向《む》かって叫《さけ》ぶと、「ヤッホー」とこだまが返《かえ》ってくる。自分《じぶん》がやったこと、行動《こうどう》したことは、こだまといっしょで、そのまま自分《じぶん》に返《かえ》ってくるよ、という意味《いみ》のことわざだ。ちょっとがんばると小《ちい》さな成果《せいか》。ものすごくがんばると大《おお》きな成果《せいか》。がんばる方向性《ほうこうせい》がまちがっていると、まちがった方向性《ほうこうせい》のまま失敗《しっぱい》という形《かたち》で返《かえ》ってくる。これ以上《いじょう》ないほどのがんばりは、きっと報《むく》われる。

シベリアのことわざ

050

私《わたし》たちの世代《せだい》の挑戦《ちょうせん》は新《あたら》しい仕事《しごと》を作《つく》り出《だ》すことだけでなく、新《あたら》しい目的意識《もくてきいしき》を作《つく》り出《だ》すことだ。

科学技術《かがくぎじゅつ》の発達《はったつ》によって、多《おお》くの職業《しょくぎょう》がなくなりつつあり、ＡＩ（人工知能《じんこうちのう》）などが発達《はったつ》すれば、さらに多《おお》くの職業《しょくぎょう》がなくなるといわれているのは知《し》っているね。だから、これからは何《なに》か新《あたら》しい形《かたち》の仕事《しごと》が必要《ひつよう》だし、自分《じぶん》がそこに属《ぞく》し、必要《ひつよう》とされ、役《やく》に立《た》つという目的意識《もくてきいしき》を作《つく》る必要《ひつよう》があるんだ。

マーク・
ザッカーバーグ
（実業家、Facebookの共同創業者）

051

自分《じぶん》のことを、この世《よ》の誰《だれ》とも比《くら》べてはいけない。それは自分自身《じぶんじしん》を侮辱《ぶじょく》する行為《こうい》だ。

マイクロソフトを創業《そうぎょう》したビル・ゲイツは、自分《じぶん》を人《ひと》と比《くら》べることについて「自分《じぶん》を侮辱《ぶじょく》する」行為《こうい》だといっている。人《ひと》と自分《じぶん》を比《くら》べるから、意味《いみ》のない劣等感《れっとうかん》や優越感《ゆうえつかん》に振《ふ》り回《まわ》されるんだ。自分《じぶん》はこの世界《せかい》に1人《り》しかいない、かけがえのない存在《そんざい》。人《ひと》は人《ひと》、自分《じぶん》は自分《じぶん》と割《わ》り切《き》り、自分《じぶん》らしさを追《お》い求《もと》めていこう。

ビル・ゲイツ

（実業家、マイクロソフトの共同創業者）

052

アイデアに価値《かち》はない。それを実行《じっこう》できて、はじめて価値《かち》になる。

「発明《はつめい》するだけでは駄目《だめ》だとわかった。なんとしてもそれを世《よ》に送《おく》り出《だ》し、人《ひと》に使《つか》わせ、何《なん》らかの成果《せいか》を生《う》まなければならない」とラリー・ペイジはいった。思《おも》いついたアイデアを机上《きじょう》の空論《くうろん》に終《お》わらせないためには、ビジネスやお金《かね》のことも、きちんと学《まな》ばないといけない。そして、いかに効率《こうりつ》よく実行《じっこう》するかだ。

ラリー・ペイジ

（起業家、グーグルの共同創業者）

053

変《か》わらないものを軸《じく》に戦略《せんりゃく》を立《た》てよ。

ジェフ・ベゾスは「選択肢《せんたくし》はより多《おお》く、価格《かかく》はより安《やす》く、配達《はいたつ》はより迅速《じんそく》で確実《かくじつ》に」という3つの要素《ようそ》を、顧客《こきゃく》が求《もと》め続《つづ》けるもの、変《か》わらないものと考《かんが》え、すべての戦略《せんりゃく》を立《た》てているそうだ。「顧客《こきゃく》にとって何《なに》がいちばんよいのかを考《かんが》えて行動《こうどう》します」とベゾス氏《し》はいう。受験《じゅけん》でも、試合《しあい》でも、何《なに》かに向《む》けて挑戦《ちょうせん》するときは、戦略《せんりゃく》を立《た》てることが大事《だいじ》だ。その場合《ばあい》の変《か》わらないものって、何《なん》だろうね？

ジェフ・ベゾス

（実業家、アマゾン・ドット・コムの創業者兼会長）

054

人《ひと》の喜《よろこ》びを「よかったね」と心《こころ》から喜《よろこ》んであげて、「私《わたし》もがんばるわ」と発奮剤《はっぷんざい》にできるような人《ひと》じゃないと伸《の》びない。

マラソンの高橋尚子《たかはしなおこ》選手《せんしゅ》を指導《しどう》した、小出義雄《こいでよしお》さんの言葉《ことば》。高橋選手《たかはしせんしゅ》は、シドニーオリンピック女子《じょし》マラソンで金《きん》メダルに輝《かがや》いた。高橋選手《たかはしせんしゅ》がすばらしいのは、先輩《せんぱい》の活躍《かつやく》にも、「よかったですね！」と素直《すなお》に喜《よろこ》べるところだそうだ。「嫉妬《しっと》しているうちは、本当《ほんとう》の福《ふく》は回《まわ》ってこない」と小出《こいで》さんはいう。

小出義雄

（陸上競技指導者）

055

自分《じぶん》に自信《じしん》をもつことは悪《わる》いことじゃないんだ。

ダウンタウンの松本人志《まつもとひとし》さんは、自分《じぶん》のことを自分《じぶん》で「天才《てんさい》だ」とか、「完璧《かんぺき》だ」とか公言《こうげん》している。それって傲慢《ごうまん》だといわれるかもしれないけれど、自信《じしん》があるほうが、ないよりはずっといい。なぜなら、公言《こうげん》したからには、それだけのことをしないといけなくなるから。自分《じぶん》のことを天才《てんさい》だということで、自分《じぶん》にプレッシャーを与《あた》えている。その覚悟《かくご》が、前《まえ》へ進《すす》む推進力《すいしんりょく》になるんだね。

松本人志

（お笑い芸人）

056

本当《ほんとう》の親孝行《おやこうこう》とは、子《こ》どもが幸《しあわ》せに生《い》きること。

ある青年《せいねん》が仏《ほとけ》の道《みち》を志《こころざ》して僧侶《そうりょ》になると決《き》めたとき、お母《かあ》さんは1週間《しゅうかん》も泣《な》いたそうだよ。「なんて親不孝《おやふこう》なんだ」と。でも、そのお坊《ぼう》さんは一所懸命《いっしょけんめい》に修行《しゅぎょう》をして、今《いま》は鎌倉《かまくら》の有名《ゆうめい》なお寺《てら》でいちばん偉《えら》いお坊《ぼう》さんになり、たくさんの人《ひと》を導《みちび》いている。お母《かあ》さんは息子《むすこ》をとても誇《ほこ》らしく思《おも》っているという。自分《じぶん》が信《しん》じる道《みち》を進《すす》んで行《い》けば、親《おや》はいつかきっとわかってくれる。幸《しあわ》せな姿《すがた》を見《み》れば、喜《よろこ》んでくれる。

横田南嶺《なんれい》

（臨済宗円覚寺派管長）

057

強《つよ》くなければ生《い》きていけない。やさしくなければ生《い》きる価値《かち》がない

ハードボイルド小説《しょうせつ》『プレイバック』の中《なか》に出《で》てくる言葉《ことば》。人生《じんせい》には、自分《じぶん》の力《ちから》ではどうしようもない困難《こんなん》や試練《しれん》、勝《か》ったり負《ま》けたりの競争《きょうそう》などがつきものだ。それらに打《う》ち克《か》つためには強《つよ》さが必要《ひつよう》だ。しかし同時《どうじ》に、周囲《しゅうい》を思《おも》いやって共《とも》に生《い》きるためのやさしさが必要《ひつよう》なんだ。人《ひと》は１人《り》で生《い》きているわけじゃないから。

レイモンド・ソーントン・チャンドラー

（小説家）

058

頭《あたま》を使《つか》うより、体《からだ》を使《つか》え！

夏木《なつき》マリさんは望《のぞ》みをかなえたいときでも、悩《なや》んでいるときでも、結局《けっきょく》はこれが大事《だいじ》だという。物事《ものごと》は動《うご》いてみないとどうなるかわからない。じっと座《すわ》っていたって、チャンスがやってくるわけでも、新《あたら》しい誰《だれ》かに出《で》会《あ》うわけでもない。ＩＴを使《つか》えば多《おお》くのことができるようになったけれど、リアルに自分《じぶん》の目《め》で見《み》て、話《はな》して、時間《じかん》を共有《きょうゆう》すると、感動《かんどう》や楽《たの》しさや発見《はっけん》も、また違《ちが》うんじゃないかな。

夏木マリ

（女優、歌手）

059

人間《にんげん》としての基本《きほん》は、自分《じぶん》で考《かんが》え、自分《じぶん》で行動《こうどう》し、自分《じぶん》で責任《せきにん》を取《と》ることにある

イギリス史上初《しじょうはつ》の女性首相《じょせいしゅしょう》となったマーガレット・サッチャーは「鉄《てつ》の女《おんな》」とも呼《よ》ばれ、強《つよ》い信念《しんねん》をもつ政治家《せいじか》だった。人間《にんげん》としての基本姿勢《きほんしせい》は、男《おとこ》だろうと、女《おんな》だろうと変《か》わらない。自分《じぶん》を信《しん》じる気持《きも》ちと、どんなことにも負《ま》けない強《つよ》い心《こころ》で生《い》きていけるといいね。いろいろなことに挑戦《ちょうせん》して、今《いま》から経験値《けいけんち》を上《あ》げていこう。

マーガレット・サッチャー

（政治家）

060

もし、木《き》を切《き》り倒《たお》すのに6時間与《じかんあた》えられたら、私《わたし》は最初《さいしょ》の4時間《じかん》を、斧《おの》を研《と》ぐのに費《つい》やすだろう。

こんな小噺《こばなし》がある。木《き》こりが森《もり》で木《き》を切《き》っていた。斧《おの》がよく切《き》れないので、汗水《あせみず》たらして奮闘《ふんとう》していた。通《とお》りかかった人《ひと》が「どうして斧《おの》を研《と》がないんだい？」と声《こえ》をかけると、木《き》こりは「見《み》ての通《とお》り、そんなヒマはない」と答《こた》えた。リンカーンはそんなことにならないよう、事前《じぜん》の準備《じゅんび》や段《だん》どりの大切《たいせつ》さを教《おし》えてくれている。

エイブラハム・リンカーン

（政治家、弁護士）

061

何事《なにごと》であれ、最終的《さいしゅうてき》には自分《じぶん》で考《かんが》える覚悟《かくご》がないと、情報《じょうほう》の山《やま》に埋《う》もれるだけである。

スマートフォン（以下スマホ）に入《はい》ってくる情報《じょうほう》はその人《ひと》の関心度《かんしんど》に合《あ》わせて、あらかじめ選別《せんべつ》されてしまっている。情報《じょうほう》に囲《かこ》まれているとはいえ、与《あた》えられる情報《じょうほう》は偏《かたよ》っているのだ。自分《じぶん》が欲《ほ》しい情報《じょうほう》は積極的《せっきょくてき》に取《と》りにいくことが大事《だいじ》だし、情報《じょうほう》を選《え》り分《わ》ける基準《きじゅん》を自分《じぶん》のなかにもっていることも必要《ひつよう》だ。

羽生善治《はぶよしはる》

（将棋棋士）

062

けっしてあきらめるな。けっして、けっして、けっして。

第二次世界大戦中《だいにじせかいたいせんちゅう》に、イギリス首相《しゅしょう》のチャーチルが学生《がくせい》に向《む》けて行《おこな》った演説《えんぜつ》の言《こと》葉《ば》。たとえ敵《てき》のほうが圧倒的《あっとうてき》に強《つよ》いように見《み》えても、絶対《ぜったい》に屈服《くっぷく》してはいけない。平和《へいわ》な時代《じだい》に暮《く》らすきみにとっても、これは大切《たいせつ》なことだ。本気《ほんき》でかなえたいと取《と》り組《く》んだ夢《ゆめ》や挑戦《ちょうせん》なら、あっさりとあきらめてはいけない。

ウィンストン・チャーチル

（政治家、軍人、作家）

063

この道《みち》より、われを生《い》かす道《みち》なし。この道《みち》を歩《ある》く。

白樺派《しらかばは》の文人《ぶんじん》として活躍《かつやく》した武者小路実篤《むしゃのこうじさねあつ》さんの言葉《ことば》。この詩《し》のような覚悟《かくご》で、自分《じぶん》の道《みち》をみつけられる人《ひと》は幸《しあわ》せだね。いくら反対《はんたい》されても、うまくいくという保《ほ》証《しょう》がなくても、他《ほか》の生《い》き方《かた》は考《かんが》えられない。それなら、覚悟《かくご》を決《き》めて歩《ある》き出《だ》すしかない。でも、たとえば絵《え》を描《えが》く道《みち》を選《えら》んだとして、絵《え》の才能《さいのう》を生《い》かす仕事《しごと》はたくさんある。情報集《じょうほうあつ》めのアンテナを張《は》り巡《めぐ》らし、生《い》き方《かた》そのものは柔軟《じゅうなん》に！

武者小路実篤

（作家、詩人）

064

あなたの運命《うんめい》が形作《かたちづく》られるのは、あなたが決断《けつだん》する瞬間《しゅんかん》なのです。

「どの部活《ぶかつ》を選《えら》ぶか」といった決断《けつだん》ですらも、人生《じんせい》に大《おお》きな影響《えいきょう》を及《およ》ぼしたりするよ。一生《いっしょう》の友《とも》だちができたり、先輩《せんぱい》の話《はなし》から将来《しょうらい》の進路《しんろ》が見《み》えたり。だから、たとえ小《ちい》さな決断《けつだん》でも、自分《じぶん》のことは自分《じぶん》で決《き》めたほうがいい。何《なに》かやりたいことがあれば大丈夫《だいじょうぶ》、迷《まよ》うことはない。その瞬間《しゅんかん》を大切《たいせつ》に、真剣《しんけん》に決断《けつだん》しよう。

アンソニー・ロビンズ

（自己啓発書作家）

065

必要《ひつよう》は鉄《てつ》をも曲《ま》げる。

どうしても何《なに》かを成《な》し遂《と》げたい場合《ばあい》、人《ひと》は何《なん》とかするものだという意味《いみ》のことわざ。2歳《さい》のときに、病気《びょうき》で視覚《しかく》と聴覚《ちょうかく》を失《うしな》ったヘレン・ケラーは、物事《ものごと》を理解《りかい》し、知《し》りたいという願《ねが》いのもと、指文字《ゆびもじ》で言葉《ことば》を覚《おぼ》え、やがて大学《だいがく》にも進学《しんがく》。たくさんの苦労《くろう》を重《かさ》ねながら、世界各地《せかいかくち》を歴訪《れきほう》して障《しょう》がい者《しゃ》の教育《きょういく》と福祉《ふくし》の発展《はってん》に尽《つ》くし、「奇跡《きせき》の人《ひと》」と呼《よ》ばれたんだ。人《ひと》の思《おも》いに限界《げんかい》はない。

チェコとスロバキアのことわざ

066

仕事《しごと》を追《お》え、仕事《しごと》に追《お》われるな。

「まだ就職《しゅうしょく》してないし」という人《ひと》は、仕事《しごと》を勉強《べんきょう》に置《お》きかえて考《かんが》えてみて。ついつい後回《あとまわ》しにしていると、宿題《しゅくだい》もやらなきゃ、試験勉強《しけんべんきょう》もやらなきゃと追《お》い込《こ》まれ、気持《きも》ちに余裕《よゆう》がなくなってしまう。それじゃあ、ちっとも楽《たの》しくない。自分《じぶん》から積極的《せっきょくてき》に勉強《べんきょう》に取《と》り組《く》んでみよう。「少《すこ》し先《さき》のほうまで予習《よしゅう》しておこうかな」などと、自分《じぶん》から勉強《べんきょう》を追《お》いかけてみると、勉強《べんきょう》は、がぜんおもしろくなる。

ベンジャミン・フランクリン
（政治家、科学者、実業家）

067

君《きみ》はこれから世界《せかい》でいちばんタフな15歳《さい》の少年《しょうねん》にならなくちゃいけないんだ。

小説《しょうせつ》『海辺《うみべ》のカフカ』の中《なか》で、主人公《しゅじんこう》に投《な》げかけられる言葉《ことば》。「タフ」とは頑丈《がんじょう》で打《う》たれ強《づよ》いこと。きみの人生《じんせい》はまだ始《はじ》まったばかり。想像《そうぞう》もつかないような出来《でき》事《ごと》が待《ま》ち受《う》けているだろう。カフカ少年《しょうねん》は家《いえ》を出《で》るけど、そうでなくても、人生《じんせい》の第一歩《だいいっぽ》を踏《ふ》み出《だ》そうというきみは、まずは「タフであろう」と心《こころ》に決《き》めよう。

村上春樹

（小説家、翻訳家）

068

喪失感《そうしつかん》と孤独《こどく》を抱《かか》えて生《い》きていくのって、ある程度《ていど》大事《だいじ》なことです。人《ひと》はそうやって成長《せいちょう》していくものです。

心《こころ》から大切《たいせつ》に思《おも》う人《ひと》との別《わか》れは、とてもつらいし、さびしいもの。そういうときは、乗《の》り越《こ》えようとしないで、じっと抱《かか》えていよう。これを「魂《たましい》の筋《きん》トレみたいなもの」と村上《むらかみ》さんはいう。そのような時期《じき》を経験《けいけん》していないと、人《ひと》は成長《せいちょう》できないし、誰《だれ》かと心《こころ》から結《むす》びつくことはできない。

村上春樹

（小説家、翻訳家）

第2章

地道な努力の大切さがわかる言葉

069

ちいさいことをかさねることが、とんでもないところに行《い》くただひとつの道《みち》。

メジャーリーグで大活躍《だいかつやく》したイチロー選手《せんしゅ》も、中学《ちゅうがく》のときは、みんなと同《おな》じように汗水《あせみず》たらし、泥《どろ》にまみれて野球《やきゅう》をしていた。「夢《ゆめ》をつかむことというのは、一気《いっき》にはできません」というイチロー選手《せんしゅ》。一日一日《いちにちいちにち》の小《ちい》さな努力《どりょく》を積《つ》み重《かさ》ねること、それをずっと続《つづ》けることで、いつか信《しん》じられない力《ちから》を出《だ》せるようになる。

イチロー

（元プロ野球選手）

070

才能《さいのう》は長《なが》い努力《どりょく》の賜物《たまもの》である。

天才《てんさい》といわれる発明家《はつめいか》のエジソンでも、画家《がか》のピカソでも、普通《ふつう》では考《かんが》えられないような膨大《ぼうだい》な時間《じかん》を、好《す》きなことにつぎ込《こ》んでいる。才能《さいのう》とは「もって生《う》まれた特《とく》別《べつ》な能力《のうりょく》であり、労《ろう》せずして発揮《はっき》できる」というものじゃない。気《き》の遠《とお》くなるような努力《どりょく》を惜《お》しまず続《つづ》けられることだ。逆《ぎゃく》にいえば、好《す》きでやりたいことがあるなら、努力《どりょく》を続《つづ》けることが大事《だいじ》だ。それがひとつの才能《さいのう》として花開《はなひら》くんだよ。

ギュスターヴ・フローベール

（小説家）

071

偶然《ぐうぜん》は準備《じゅんび》のできていない人《ひと》を助《たす》けない。

チャンスをものにするには、それがいつやってきても大丈夫《だいじょうぶ》なように、準備《じゅんび》をしていることが大切《たいせつ》だ！　たとえばサッカーの試合《しあい》で、きみは万年補欠《まんねんほけつ》だったとする。ところがレギュラーのケガで、いよいよ試合《しあい》に出《で》ることになった。でも、そのときにきみが練習不足《れんしゅうぶそく》でうまくプレーできないなら、次《つぎ》のチャンスはない。いつチャンスがきてもいいように、万全《ばんぜん》の準備《じゅんび》をしておくことだ。

ルイ・パスツール

（生化学者・細菌学者）

072

なぜやめたんですか。ぼくらならどんな意気地《いくじ》ないやつでものどから血《ち》が出《で》るまでは叫《さけ》ぶんですよ。

『セロ弾《ひ》きのゴーシュ』のなかで、鳥《とり》のかっこうがゴーシュにいった言葉《ことば》。「もういっぺん」といっているのに、ゴーシュはセロを弾《ひ》くのをやめてしまう。そこで、かっこうはもっと努力《どりょく》するべきだと訴《うった》えるんだ。きみも「もうがんばった」と思《おも》っても、さらに「もっとがんばれるかも」と、最大限《さいだいげん》の努力《どりょく》を重《かさ》ねてみよう。

宮沢賢治

（詩人、童話作家）

073

能力《のうりょく》を未来進行形《みらいしんこうけい》でとらえる。

可能性《かのうせい》とは「未来《みらい》の能力《のうりょく》」のこと。今《いま》もっている能力《のうりょく》で「できる、できない」を決《き》めていたら、能力以上《のうりょくいじょう》のことは何《なに》もできないことになる。最初《さいしょ》からムリだとあきらめていたら、何《なに》も成功《せいこう》しないし、何者《なにもの》にもなれない。「ムリかも」と思《おも》えるような高《たか》い目標《もくひょう》を「いつまでにやる」と、まず期限《きげん》を決《き》めるんだ。そして、その未《み》来《らい》の一点《いってん》に合《あ》わせて、目標《もくひょう》にふさわしい自分《じぶん》になるよう、能力《のうりょく》を高《たか》めていこう。

稲盛和夫

（実業家）

074

翼《つばさ》をもたずに生《う》まれてきたのなら、翼《つばさ》を生《は》やすためにどんなことでもしなさい。

きみにとっての翼《つばさ》とは何《なん》だろう？　たとえば才能《さいのう》や知力《ちりょく》、身体能力《しんたいのうりょく》……。人《ひと》によって、ほしい翼《つばさ》はいろいろかもしれないけれど、その翼《つばさ》を自分《じぶん》はもっていないと、あきらめることはない。シャネルさんは「翼《つばさ》を自分《じぶん》で生《は》やすのだ」と教《おし》えている。どんなことでも、思《おも》いつく限《かぎ》りの努力《どりょく》を続《つづ》けて、挑戦《ちょうせん》してみるのだ！

ココ・シャネル

（ファッションデザイナー）

075

努力《どりょく》は裏切《うらぎ》らない。走《はし》った距離《きょり》もそうですけど、毎日《まいにち》の積《つ》み重《かさ》ねがすごくものをいう。

アテネオリンピック女子《じょし》マラソンで金《きん》メダルをとった野口《のぐち》さんは、オリンピック前《まえ》の最後《さいご》の強化合宿《きょうかがっしゅく》で、1カ月《げつ》に1350キロを走《はし》り込《こ》んだそうだ。そんなハードな練習《れんしゅう》メニューをこなせたのは、それまでに、ものすごい量《りょう》の努力《どりょく》を積《つ》み重《かさ》ねてきたから。ひとつのことに打《う》ち込《こ》んで、ムチャクチャ努力《どりょく》してみたくなる言葉《ことば》。

野口みずき

（元マラソン選手）

076

思想《しそう》が二流《にりゅう》の人間《にんげん》は伸《の》びない

「思想《しそう》が二流《にりゅう》の人間《にんげん》」とは、「少《すこ》し能力《のうりょく》があるばかりに野球《やきゅう》をなめ、気《き》を抜《ぬ》く人《ひと》」や「故障《こしょう》したのをいいことに休《やす》みたがる人《ひと》」のことだ。素質《そしつ》が一流《いちりゅう》でも、こういう人《ひと》は伸《の》びないという。やりたいことがあってキッカケをつかんだら、生活《せいかつ》のすべてをかけるぐらいの意気込《いきご》みで努力《どりょく》を重《かさ》ね、結果《けっか》を出《だ》す。そういう人《ひと》が一流選手《いちりゅうせんしゅ》になる。地道《じみち》な努力《どりょく》を、手抜《てぬ》きをせずに喜《よろこ》んでやる。そういう人《ひと》になろう。

野村克也

（元プロ野球監督）

077

総《そう》じて人《ひと》は己《おのれ》に克《かつ》を以《もっ》て成《な》り、自《みずか》ら愛《あい》するを以《もっ》て敗《やぶ》るゝぞ。

「人《ひと》は自分《じぶん》に打《う》ち勝《か》ってこそ成功《せいこう》するのだ。自分《じぶん》を甘《あま》やかしていると、きっと失敗《しっぱい》する」という意味《いみ》。たとえば、定期《ていき》テストまでの勉強《べんきょう》の計画《けいかく》を立《た》てたのに、「今日《きょう》くらい、いいかな。明日《あす》やろう」などと、やりたくない気持《きも》ちを優先《ゆうせん》させてしまう。そうではなく、やりたくない気持《きも》ちに打《う》ち勝《か》ち、「がんばろう」と自分《じぶん》を前《まえ》に進《すす》める強《つよ》い気持《きも》ちをもつこと。大切《たいせつ》なのは「克己心《こっきしん》（自分《じぶん》に打《う》ち勝《か》つ心《こころ》）」だよ。

西郷隆盛

（薩摩藩士、軍人、政治家）

078

満足《まんぞく》は努力《どりょく》するプロセスにある。

「達成《たっせい》した結果《けっか》に満足《まんぞく》はない。全身全霊《ぜんしんぜんれい》で努力《どりょく》することが、完全《かんぜん》な勝利《しょうり》なのだ」とガンディーはいいきった。挑戦《ちょうせん》して、力《ちから》いっぱいがんばること。うまくいかないことがあっても、あきらめずに毎日《まいにち》の課題《かだい》を続《つづ》けること。続《つづ》けることが苦《くる》しみであっても、やめないこと。結果的《けっかてき》には、その努力《どりょく》するプロセスが喜《よろこ》びであり、きみを大《おお》きく成長《せいちょう》させる力《ちから》になる。ひたむきに努力《どりょく》する姿《すがた》ほど尊《とうと》いものはない。

マハトマ・ガンディー

（弁護士、宗教家、政治指導者）

079

毎日《まいにち》、自己《じこ》の嫌《きら》いなことを2つずつ行《おこな》うのは、魂《たましい》のためによいことだ。

自分《じぶん》の好《す》きなことや、得意《とくい》なことばかりしていればいいのなら、楽《たの》しい毎日《まいにち》だ。だけどそういうわけにいかないのは、きみもわかっているよね。たとえば、苦手科目《にがてかもく》は勉強《べんきょう》するのが億劫《おっくう》だけれど、できるようにならないと困《こま》るのは自分《じぶん》。その他《ほか》、家《いえ》の手伝《てつだ》いや身《み》の回《まわ》りのこと。一日《いちにち》に2つはがんばって、魂《たましい》を鍛《きた》えるのだ。

サマセット・モーム

（小説家）

080

人《ひと》の一生《いっしょう》は重荷《おもに》を負《お》うて遠《とお》き道《みち》を行《い》くが如《ごと》し。いそぐべからず。

61歳《さい》で江戸幕府《えどばくふ》を開《ひら》いた徳川家康《とくがわいえやす》の人生《じんせい》を表《あらわ》している。つまり、夢《ゆめ》の実現《じつげん》を焦《あせ》ってはいけないということ。「明日《あす》までに」「来月《らいげつ》までに」などと、近《ちか》すぎる目標《もくひょう》を設《せっ》定《てい》してしまうと、思《おも》うような結果《けっか》が得《え》られない場合《ばあい》、あきらめることになってしまう。どうしてもかなえたい夢《ゆめ》なら、長期戦《ちょうきせん》の構《かま》えで挑《いど》もう。人生《じんせい》は長《なが》い。

徳川家康

（戦国大名、江戸幕府初代将軍）

081

行《い》く価値《かち》のある場所《ばしょ》には、近道《ちかみち》などひとつもない。

シルズさんは、ニューヨーク・シティ・オペラに出演《しゅつえん》して人気《にんき》となり、世界的《せかいてき》な歌手《かしゅ》になった人《ひと》。「行《い》く価値《かち》のある場所《ばしょ》」とは「行《い》けたらうれしいけれど、たどり着《つ》くのはむずかしい場所《ばしょ》」のこと。誰《だれ》もが簡単《かんたん》に行《い》けるなら、価値《かち》は生《う》まれない。結局《けっきょく》努力《どりょく》を惜《お》しまず、毎日一歩《まいにちいっぽ》ずつを刻《きざ》み続《つづ》けるしかない。「失敗《しっぱい》すればがっかりするかもしれないが、何《なに》もしなければ確実《かくじつ》に絶望《ぜつぼう》する」と言葉《ことば》は続《つづ》く。

ビヴァリー・シルズ

（オペラ歌手）

082

成功《せいこう》とは99パーセントの失敗《しっぱい》に支《ささ》えられた1パーセントである。

本田《ほんだ》さんは「失敗《しっぱい》、反省《はんせい》、勇気《ゆうき》という3つの道具《どうぐ》を繰《く》り返《かえ》し使《つか》うことによってのみ、最後《さいご》の成功《せいこう》という結果《けっか》に達《たっ》することができる」といっている。成功《せいこう》は、99パーセントの失敗《しっぱい》によってもたらされるもの。逆《ぎゃく》にいうと、99パーセントという膨大《ぼうだい》な数《かず》の失敗《しっぱい》がないと成功《せいこう》しないともいえる。失敗《しっぱい》を恐《おそ》れずに貪欲《どんよく》に前《まえ》に進《すす》もう。

本田宗一郎《そういちろう》

（実業家、技術者）

083

どんな山《やま》も、一歩《いっぽ》一歩《いっぽ》。

田部井《たべい》さんは1992年《ねん》、女性《じょせい》としては世界《せかい》ではじめて、7大陸《たいりく》の最高峰登頂者《さいこうほうとうちょうしゃ》となった人《ひと》だ。世界最高峰《せかいさいこうほう》のエベレスト登頂《とうちょう》に成功《せいこう》したのは1975年《ねん》のこと。登頂《とうちょう》は一瞬《いっしゅん》のできごとだけれど、そのために1400日《にち》という長《なが》い準備期間《じゅんびきかん》が必要《ひつよう》だったそうだ。どんな山《やま》も、長《なが》い準備《じゅんび》を重《かさ》ね、自分《じぶん》の歩幅《ほはば》で一歩一歩《いっぽいっぽ》登《のぼ》っていくのだ。それは何《なん》にでも当《あ》てはまること。夢《ゆめ》をめざして、一歩一歩《いっぽいっぽ》登《のぼ》っていこう。

田部井淳子

（登山家）

084

千日《せんにち》の稽古《けいこ》を鍛《たん》とし、万日《まんにち》の稽古《けいこ》を練《れん》とす。

宮本武蔵《みやもとむさし》の『五輪書《ごりんのしょ》』のなかの言葉《ことば》。「千日《せんにち》の稽古《けいこ》で技《わざ》は身《み》につき、万日《まんにち》の稽古《けいこ》で身《み》についた技《わざ》は練《ね》り上《あ》げられる」という意味《いみ》。ただひたすら、稽古《けいこ》を続《つづ》けることが大事《だいじ》なのだといっている。そして圧倒的《あっとうてき》な量《りょう》の稽古《けいこ》を積《つ》むことで、質《しつ》が変化《へんか》し、高《たか》まっていくともいわれる。ある時期《じき》を境《さかい》に急《きゅう》に強《つよ》くなる。レベルが上《あ》がり、うまくなる。そういう日《ひ》が訪《おとず》れることを願《ねが》いつつ、それぞれの分野《ぶんや》で努力《どりょく》を続《つづ》けよう。

宮本武蔵

（剣術家）

085

一日延《いちにちのば》しは時《とき》の盗人《ぬすびと》である。

やらないといけない課題《かだい》があるのに「あとでやろう」「明日《あす》から」と、とりかかる時間《じかん》を先《さき》のばしにしていないだろうか？　どうせやらないといけないのに、ぐずぐずと先《さき》のばしにするのは、まさに「時《とき》の盗人《ぬすびと》」。始《はじ》めるまでに費《つい》やされたその時間《じかん》は、ムダになる。自分《じぶん》で自分《じぶん》の時間《じかん》を盗《ぬす》んでしまわないよう、時間《じかん》の使《つか》い方《かた》を練《れん》習《しゅう》しよう。時間《じかん》を節約《せつやく》するいちばんの方法《ほうほう》は、「今《いま》すぐに取《と》りかかること」だよ。

上田 敏《びん》

（評論家、詩人、翻訳家）

086

己《おのれ》の実力《じつりょく》が不十分《ふじゅうぶん》であることを知《し》ることが、己《おのれ》の実力《じつりょく》を充実《じゅうじつ》させる。

もしきみが、自分《じぶん》には十分《じゅうぶん》な実力《じつりょく》がある、自分《じぶん》はスゴイと思《おも》ったときは、用心《ようじん》したほうがいい。そこで満足《まんぞく》していては、きみの進歩《しんぽ》は止《と》まってしまうからだ。上《うえ》には上《うえ》がある。めざしているのはそんなレベルではないはず。自分《じぶん》には、まだ足《た》りないところがある、まだ実力《じつりょく》は不十分《ふじゅうぶん》だと自覚《じかく》し、さらに努力《どりょく》しよう。

アウグスティヌス

（初期キリスト教の教父）

087

自分《じぶん》に打《う》ち勝《か》つことは勝利《しょうり》のうちの最大《さいだい》のものである。

「がんばりたい」「いい人《ひと》になりたい」と理想《りそう》を描《えが》いても、怠《なま》け心《ごころ》が足《あし》を引《ひ》っぱり、嫉妬《しっと》、憎《にく》しみ、虚栄心《きょえいしん》などの人間《にんげん》の弱《よわ》さが顔《かお》を出《だ》す。「いけない、がんばらなくちゃ！」と弱《よわ》い気持《きも》ちを自分《じぶん》でセーブできたらいいし、強《つよ》い心《こころ》でもって打《う》ち勝《か》てたら申《もう》し分《ぶん》ないけれど、けっこうむずかしい。要《よう》は、自分《じぶん》のネガティブな思《おも》いとの勝負《しょうぶ》だ。弱《よわ》い心《こころ》に常勝《じょうしょう》できるようになれば、かっこいい大人《おとな》になれる。

プラトン
（哲学者）

088

鉄《てつ》が使用《しよう》せずして錆《さ》び、水《みず》がくさりまたは寒中《かんちゅう》に凍《こお》るように、才能《さいのう》も用《もち》いずしてはそこなわれる。

たとえば先生《せんせい》に「きみ、音楽《おんがく》の才能《さいのう》があるよ」といわれたとしても、関心《かんしん》がなくて何《なに》もしなければ、せっかくの才能《さいのう》も伸《の》びないままだ。人《ひと》はそんなにたくさんの才能《さいのう》に恵《めぐ》まれているわけじゃない。もし人《ひと》にほめられるほどの才能《さいのう》があるなら、ちょっと磨《みが》いてみないかい。やってみたら案外《あんがい》、最高《さいこう》におもしろいかもしれないよ。

レオナルド・ダ・ヴィンチ
（芸術家）

089

「今《いま》」に対《たい》して一所懸命《いっしょけんめい》になれよ。3年後《ねんご》の稽古《けいこ》を、今《いま》やっているんだよ。

白鵬関《はくほうぜき》が稽古中《けいこちゅう》に、若手力士《わかてりきし》によくかける言葉《ことば》。今取《いまと》り組《く》んでいる稽古《けいこ》は、今日《きょう》や明日《あす》のためというよりも、3年後《ねんご》に力《ちから》を発揮《はっき》するための基礎固《きそがた》め。いくら努力《どりょく》しても、なかなか成果《せいか》は見《み》えないけれど、もし今《いま》サボったら、3年後《ねんご》の自分《じぶん》がダメになる。自分《じぶん》に情《なさ》けない思《おも》いをさせないためにも、がんばりたい。

白鵬 翔

（大相撲力士、第69代横綱）

090

魔《ま》法《ほう》は時《じ》間《かん》がかかる。

スイッチひとつで火《ひ》をつけて料理《りょうり》を始《はじ》める。小《ちい》さな箱《はこ》を耳《みみ》に当《あ》てて、遠《とお》くにいる誰《だれ》かと話《はなし》をする。昔《むかし》の人《ひと》たちにしてみれば、魔法《まほう》のように思《おも》えるはず。ただし、これらの魔法《まほう》を成功《せいこう》させるためには、とてつもなく長《なが》い時間《じかん》がかかっている。きみの夢《ゆめ》や目標《もくひょう》についても、同《おな》じことがいえる。人《ひと》があっと驚《おどろ》くような、めざましい成《せい》果《か》をあげるためには、長《なが》い時間《じかん》をかけて努力《どりょく》を続《つづ》けなければならない。

南アフリカのことわざ

091

無駄《むだ》なことをいっぱいしないと、新《あたら》しいことは生《う》まれてこない。

リチウムイオン電池《でんち》の開発《かいはつ》で、２０１９年《ねん》にノーベル化学賞《かがくしょう》を受賞《じゅしょう》した吉野彰《よしのあきら》さんの言葉《ことば》。スマホなどＩＴの普及《ふきゅう》にも大《おお》きく貢献《こうけん》しているリチウムイオン電池《でんち》は、１９７０年代後半《ねんだいこうはん》から長《なが》い間《あいだ》、ずっと研究《けんきゅう》を続《つづ》けてきた努力《どりょく》の結晶《けっしょう》だ。たった１回《かい》の失敗《しっぱい》でくさらないで、どんどん無駄《むだ》なことにチャレンジしよう。

吉野 彰

（研究者、化学者）

092

正《ただ》しい場所《ばしょ》で、正《ただ》しい方向《ほうこう》で、十分《じゅうぶん》な量《りょう》なされた努力《どりょく》は裏切《うらぎ》らない。

よく「努力《どりょく》は裏切《うらぎ》らない」というけれど、たくさんの受験生《じゅけんせい》を見《み》ていると、努力《どりょく》しているのに報《むく》われず、希望《きぼう》がかなわない生徒《せいと》もいる。だから、どの部分《ぶぶん》を、どのように、そしてどれだけ努力《どりょく》するかが大事《だいじ》だと林《はやし》さんはいう。まず、先生《せんせい》や先輩《せんぱい》に聞《き》き、本《ほん》も調《しら》べて、自分《じぶん》なりの方針《ほうしん》を立《た》てることから始《はじ》めよう。

林《はやし》 修《おさむ》

（予備校講師）

093

完璧《かんぺき》であることより、まず終《お》わらせることが重要《じゅうよう》だ。

Facebookのスローガンのひとつ。学校《がっこう》のテストなら100点《てん》をとれば完璧《かんぺき》かもしれないけれど、仕事《しごと》をするうえで完璧《かんぺき》な答《こた》えは、存在《そんざい》しないと思《おも》ったほうがいい。人《ひと》に見《み》せられるものができたら、すぐに見《み》せて意見《いけん》を聞《き》き、素早《すばや》い改善《かいぜん》を続《つづ》け、完璧《かんぺき》なものに近《ちか》づけていこう、という意味《いみ》の言葉《ことば》。ひととおり終《お》わらせてから細部《さいぶ》を修正《しゅうせい》し、補強《ほきょう》する。試験勉強《しけんべんきょう》などにも役立《やくだ》つ考《かんが》え方《かた》だ。

マーク・ザッカーバーグ

（実業家、Facebookの共同創業者）

094

根気強《こんきづよ》さはとても重要《じゅうよう》だ。あきらめることを強《し》いられない限《かぎ》り、あなたはあきらめるべきではない。

イーロン・マスクの言葉《ことば》は力強《ちからづよ》い。自身《じしん》もいろいろなトラブルにみまわれつつ、粘《ねば》り強《づよ》く事業《じぎょう》を続《つづ》け、電気自動車《でんきじどうしゃ》、太陽光発電《たいようこうはつでん》、民間《みんかん》ではじめて人《ひと》を宇宙《うちゅう》に運《はこ》ぶロケットなどを次々《つぎつぎ》に実現《じつげん》してきたんだ。世界有数《せかいゆうすう》の大富豪《だいふごう》でもある。マスクさんがいうように、根気強《こんきづよ》い自分《じぶん》になろう。失敗《しっぱい》してへこんでも、あきらめない。

イーロン・マスク

（起業家、エンジニア）

095

時計《とけい》に逆《さか》ねじを食《く》らわせるような意気込《いきご》みで仕事《しごと》に向《む》かうことが大切《たいせつ》です。

「人間《にんげん》はこの仕事《しごと》をこの時間《じかん》までに仕上《しあ》げるんだと腹《はら》を決《き》めれば、グッと時間《じかん》を短《たん》縮《しゅく》することができる」と話《はな》すのは漆芸家《しつげいか》の大場松魚《おおばしょうぎょ》さん。「けっこう時間《じかん》がかかる」と思《おも》い込《こ》んでいることも、目標《もくひょう》時間《じかん》を決《き》め、集中《しゅうちゅう》して行《おこな》えば、ぐっと縮《ちぢ》めることができ、能率《のうりつ》もあがるのだ。物事《ものごと》は取《と》り組《く》み方《かた》しだい。本気《ほんき》を出《だ》そう。

大場松魚

（漆芸家、蒔絵の人間国宝）

096

脳《のう》みそがちぎれるほど考《かんが》えろ。

ソフトバンクグループを率《ひき》いる孫正義《そんまさよし》さんの言葉《ことば》。問題《もんだい》が起《お》きたとき、そこから逃《に》げてはいけないよ、と孫《そん》さんはいう。問題《もんだい》から逃《に》げてゲームをしたり、遊《あそ》んだりするのではなく、問題《もんだい》としっかり向《む》き合《あ》うのだ。本当《ほんとう》に脳《のう》みそがちぎれるのではないかというほど考《かんが》えぬくと、新《あたら》しいひらめきや解決方法《かいけつほうほう》が見《み》えてくる。モヤモヤもスカッと晴《は》れる！　今《いま》、抱《かか》えている問題《もんだい》に、とことん向《む》き合《あ》おう。

孫 正義

（実業家）

097

ゆっくり急《いそ》げ。

慣《な》れないことをするときに、とまどうのはあたりまえ。慣《な》れた人《ひと》が、すぐ横《よこ》でものすごいスピードでやっていたとしても、気《き》にしなくていい。コツを飲《の》み込《こ》み、スムーズにできるようになるまでは、ゆっくりとマイペースで取《と》り組《く》もう。あせってテキトーにやっても失敗《しっぱい》するだけだし、コツも飲《の》み込《こ》めない。時間《じかん》がかかってもいいから、一所懸命《いっしょけんめい》に、粘《ねば》り強《づよ》く取《と》り組《く》むことが結局《けっきょく》、「急《いそ》ぐ」ことにつながる。

ギリシャのことわざ

098

人間《にんげん》は努力《どりょく》する限《かぎ》り迷《まよ》うものである。

ゲーテの『ファウスト』より。何《なに》かを成《な》し遂《と》げたいと努力《どりょく》をするとき、すぐに結《けっ》果《か》が出《で》ない場合《ばあい》は、「このやり方《かた》で大丈夫《だいじょうぶ》？」「自分《じぶん》にできる？」「いい結果《けっか》が出《で》るのかな？」などと、迷《まよ》いや不安《ふあん》が邪魔《じゃま》をする。それは誰《だれ》でも同《おな》じだ。真剣《しんけん》に取《と》り組《く》んでいるからこその迷《まよ》いなんだ。努力《どりょく》するのをやめたり、あきらめたりしないこと。迷《まよ》いは誰《だれ》にでも必《かなら》ずある。それを乗《の》り越《こ》えた先《さき》にこそ、成長《せいちょう》があるのだ。

ヨハン・ヴォルフガング・フォン・ゲーテ

（小説家、劇作家、詩人、自然科学者）

099

何《なに》かを始《はじ》めることはやさしいが、それを継続《けいぞく》することはむずかしい。成功《せいこう》させることはなおむずかしい。

明治《めいじ》4年《ねん》に8歳《さい》でアメリカに留学《りゅうがく》した津田梅子《つだうめこ》さんは、帰国《きこく》すると、女性《じょせい》の地位《ちい》向上《こうじょう》をめざし「女子英学塾《じょしえいがくじゅく》」を創立《そうりつ》するために動《うご》き始《はじ》めた。ただ、その夢《ゆめ》を追《お》い続《つづ》け、開校《かいこう》するまでの道《みち》のりは、もう一度《いちど》アメリカに留学《りゅうがく》して学《まな》ぶなど、ものすごく大変《たいへん》だった。大事《だいじ》なのは粘《ねば》り強《づよ》く続《つづ》けること。その先《さき》にしか成功《せいこう》はない。

津田梅子

（教育者、津田塾大学創立者）

100

いくら志《こころざし》だけあっても、学力《がくりょく》を伴《ともな》わない者《もの》が世間《せけん》で信用《しんよう》されることはありません。

ペスト菌《きん》を発見《はっけん》した北里柴三郎博士《きたざとしばさぶろうはくし》は、ドイツに留学《りゅうがく》をしたとき、目《め》はくぼみ、体重《たいじゅう》が落《お》ちるほど寝食《しんしょく》を忘《わす》れて研究《けんきゅう》に没頭《ぼっとう》した。「これをやりたい」といくら志《こころざし》を高《たか》く掲《かか》げても、実力《じつりょく》や努力《どりょく》が伴《ともな》わなければ、何《なに》もまかせてはもらえない、と博士《はくし》はいっている。今《いま》のうちから実力《じつりょく》をつけておこう。

北里柴三郎

（医学者、細菌学者）

101

忍耐《にんたい》は苦《にが》い。しかし、その実《み》は甘《あま》い。

野口英世《のぐちひでよ》は、幼《おさな》いころの大《おお》やけどで左手《ひだりて》が不自由《ふじゆう》だったが、そのハンディを乗《の》り越《こ》え、医師《いし》になった人《ひと》だ。アメリカに留学《りゅうがく》して、ロックフェラー財団《ざいだん》の医学研究《いがくけんきゅう》所員《じょいん》になるまで14年《ねん》かかった。この言葉《ことば》は、彼《かれ》が座右《ざゆう》の銘《めい》として書《しょ》にしたためたものので、実感《じっかん》がこもっている。苦労《くろう》をたえしのんで成《な》し遂《と》げたときには、大《おお》きな喜《よろこ》びが待《ま》っている。だから、今《いま》は苦《にが》い思《おも》いを抱《かか》えていても、がんばろうね。

ジャン＝ジャック・ルソー
（哲学者）

102

打《う》たないシュートは100パーセントはずれる。

「アイスホッケーの神様《かみさま》」ともいわれるウェイン・グレッキー。どれだけすごい選《せん》手《しゅ》かというと、アイスホッケー専門誌《せんもんし》の編集者《へんしゅうしゃ》が「たとえればウェイン・グレッキーは、長嶋《ながしま》と王《おう》を足《た》して2で割《わ》らない選手《せんしゅ》だ」といっていたほどだ。彼《かれ》の言葉《ことば》は、「本当《ほんとう》だね」と納得《なっとく》させられる。シュートを打《う》つチャンスをどれだけ自分《じぶん》に引《ひ》き寄《よ》せられるかも重要《じゅうよう》だけど、とにかく、挑戦《ちょうせん》しなければ、何事《なにごと》も始《はじ》まらない。

ウェイン・グレッキー
（元プロアイスホッケー選手）

103

もっとも重要《じゅうよう》なことから始《はじ》めよ。

経営学《けいえいがく》の第一人者《だいいちにんしゃ》で、経営思想家《けいえいしそうか》でもあるドラッカーは、「成果《せいか》をあげる秘訣《ひけつ》」をひとつあげるなら「集中《しゅうちゅう》すること」だといっている。やらなければいけないリストの「もっとも重要《じゅうよう》なもの」から取《と》り組《く》むようにと教《おし》えているよ。また、「ながら族《ぞく》」もよくないそうだ。一日《いちにち》の時間《じかん》は短《みじか》い。やるべきことの最重要項目《さいじゅうようこうもく》が何《なに》かを考《かんが》えて、それに集中《しゅうちゅう》しよう。試験勉強《しけんべんきょう》でも、人生《じんせい》でも、それは同《おな》じだ。

ピーター・ファーディナンド・ドラッカー
（経営学者）

104

努力《どりょく》することより、しないことのほうがむずかしい。

人気《にんき》ロックバンド、ビートルズのメンバーとして活躍《かつやく》し、ビートルズ解散《かいさん》のあとも第一線《だいいっせん》で活動《かつどう》を続《つづ》けているポール・マッカートニー。自分《じぶん》の好《す》きなことに没頭《ぼっとう》したり、大《おお》きな夢《ゆめ》を実現《じつげん》したりしたいなら、そのためにやるべきことは、数限《かずかぎ》りなくある。自分《じぶん》の好《す》きなことや夢《ゆめ》のためなのだから、「やるべきこと」をこなすのは当然《とうぜん》のことで、それを努力《どりょく》というのなら、努力《どりょく》しないことはむずかしい。

ポール・マッカートニー
（シンガーソングライター）

BOOK

第3章

世の中に興味が湧いてくる言葉

105

素直《すなお》な心《こころ》になりましょう。素直《すなお》な心《こころ》はあなたを強《つよ》く正《ただ》しく聡明《そうめい》にいたします。

「素直《すなお》な心《こころ》」というのは、人《ひと》にさからわず、おとなしく従《したが》うということじゃない。何《なに》ものにもとらわれずに、物事《ものごと》をありのままに見《み》て、真《しん》の姿《すがた》をとらえられる心《こころ》のことだ。赤《あか》いものは赤《あか》く見《み》える、黒《くろ》いものは黒《くろ》く見《み》える。素直《すなお》な心《こころ》があれば、何《なに》が正《ただ》しくて、何《なに》がまちがっているのか、すぐにわかるんだ。

松下《まつした》幸《こう》之《の》助《すけ》

（実業家）

106

物事《ものごと》はね、心《こころ》で見《み》なくてはよく見《み》えない。いちばんたいせつなことは、目《め》に見《み》えない。

小《ちい》さな王子《おうじ》さまが友達《ともだち》のキツネに教《おし》えてもらった秘密《ひみつ》。「いちばん大切《たいせつ》なこと」とは、たとえば愛《あい》や希望《きぼう》、絆《きずな》、時間《じかん》といった目《め》に見《み》えないもの。目《め》には見《み》えないけれど、たしかにあるものだ。でも見《み》えないだけに、うっかりしていると気《き》づかずに通《とお》り過《す》ぎてしまう。しっかりと心《こころ》で見《み》て、つかまえておこう。見失《みうしな》わないようにね。

アントワーヌ・ド・サン=テグジュペリ

（作家、操縦士）

107

人格《じんかく》というものは「性格《せいかく》」＋「哲学《てつがく》」という式《しき》で表《あらわ》せると、私《わたし》は考《かんが》えています。

人格《じんかく》とは、人《ひと》が生《う》まれつきもっている「性格《せいかく》」と、成長《せいちょう》とともに身《み》についていく「哲学《てつがく》（正《ただ》しく生《い》きるための考《かんが》え方《かた》）」が合《あ》わさったもの。哲学《てつがく》が足《た》りないと人格《じんかく》は未熟《みじゅく》なままだ。人格《じんかく》が未熟《みじゅく》だと、高《たか》い能力《のうりょく》や才能《さいのう》があっても、進《すす》む道《みち》をまちがえてしまう。どう行動《こうどう》すれば正《ただ》しく生《い》きられるか、いつも考《かんが》えていよう。

稲盛和夫

（実業家）

108

頭《あたま》をよく働《はたら》かせるには、この〝忘《わす》れる〟ことが、きわめて大切《たいせつ》である。

勉強《べんきょう》して知識《ちしき》を詰《つ》め込《こ》んだら、いらなくなった知識《ちしき》は処分《しょぶん》し、整理《せいり》する必要《ひつよう》がある。それをしてくれるのが睡眠《すいみん》だ。人間《にんげん》は眠《ねむ》ることで、無意識《むいしき》のうちに、いるものといらないものを分《わ》けているという。寝《ね》ている間《あいだ》に頭《あたま》の中《なか》はきれいに整理《せいり》されるから、朝《あさ》は考《かんが》えごとをしたり、勉強《べんきょう》したりするのにもってこいの時間《じかん》となる。

外山滋比古《とやましげひこ》

（英文学者、言語学者、エッセイスト）

109

依存《いぞん》のない自立《じりつ》は孤立《こりつ》というべきで、それでは関係《かんけい》が切《き》れてしまっているんです。

河合《かわい》さんは、「適度《てきど》に依存《いぞん》」をしている状態《じょうたい》が「自立《じりつ》である」といっている。自立《じりつ》というのは、自分《じぶん》の責任《せきにん》で生《い》きていくことだけど、じゃあ、まったく親《おや》を頼《たよ》らないかというと、そうじゃない。「自立《じりつ》する」とは「親《おや》と子《こ》の間《あいだ》に新《あたら》しい関係《かんけい》を作《つく》ること」。

親《おや》との関係《かんけい》を大事《だいじ》にしながら、自分《じぶん》で決《き》めた人生《じんせい》を歩《ある》き始《はじ》めるのだ。

河合隼雄《はやお》

（心理学者）

110

今日《きょう》という一日《いちにち》は、明日《あす》という日《ひ》の二日分《ふつかぶん》の値打《ねう》ちをもっている。

明日《あす》というのは、頭《あたま》のなかにしか存在《そんざい》しない。自分《じぶん》が生《い》きているのは、いつだって今日《きょう》という時間《じかん》のなか。だから、やるべきことをやるのは今日《きょう》しかないんだ。明日《あす》の夢《ゆめ》を語《かた》るのもいいが、まずは今日《きょう》を大切《たいせつ》にして、しっかりと生《い》きよう。今日《きょう》できることは、「明日《あす》やればいい」などと考《かんが》えずに、今日《きょう》のうちにやってしまおう。

ベンジャミン・フランクリン

（政治家、科学者、実業家）

111

人《ひと》に従《したが》うことを知《し》らない者《もの》は良《よ》き指導者《しどうしゃ》になりえない。

リーダーに求《もと》められる条件《じょうけん》は「柔軟性《じゅうなんせい》」だということだ。人《ひと》の意見《いけん》に耳《みみ》を傾《かたむ》け、よい意見《いけん》は取《と》り入《い》れる懐《ふところ》の深《ふか》さ、つまり心《こころ》の幅《はば》があるリーダーにこそ、人《ひと》はついていこうと思《おも》うし、応援《おうえん》したいと思《おも》うものだ。きっと、これからはきみも、いろいろな場面《ばめん》でリーダーシップを求《もと》められるだろう。そのときに力《ちから》を発揮《はっき》できるよう、まずは人《ひと》の意見《いけん》をちゃんと聞《き》いたり、その意見《いけん》に従《したが》ったりする練習《れんしゅう》をしてみよう。

アリストテレス
（哲学者）

112

見《み》つめるナベは煮《に》えない。

じっとナベの中身《なかみ》を見《み》ているだけでは、いつまでたっても料理《りょうり》は煮《に》えない。でも、ナベを火《ひ》にかけて、しばらく放《ほう》っておくと、料理《りょうり》はしっかりと煮《に》えている。アイデアを考《かんが》えたり、難《むずか》しい問題《もんだい》に取《と》り組《く》んだりするような場合《ばあい》、いくら考《かんが》えてもうまくいかないときは、少《すこ》し時間《じかん》をおいたほうがいい。とても不思議《ふしぎ》なことだが、忘《わす》れたころに、「あっ、そうか！」とひらめく瞬間《しゅんかん》がやってくるものなのだ。

ヨーロッパのことわざ

113

世界《せかい》を動《うご》かさんと欲《ほっ》する者《もの》は、まず自《みずか》ら動《うご》くべし。

口《くち》でいくらいっても、人《ひと》を自分《じぶん》の思《おも》い通《どお》りに動《うご》かすことはできない。本人《ほんにん》がその気《き》にならないとムリなんだ。人《ひと》を変《か》えたかったら、まず自分《じぶん》が行動《こうどう》を起《お》こすこと。「どうすれば問題《もんだい》を解決《かいけつ》できるか」を考《かんが》えてみよう。そして、自分《じぶん》にできることをやってみる。きみが行動《こうどう》を起《お》こし、きみ自身《じしん》が変《か》われば、それはさざ波《なみ》のように相《あい》手《て》に伝《つた》わり、相手《あいて》の行動《こうどう》も変《か》わってくる。自分《じぶん》が動《うご》いて、さざ波《なみ》を立《た》てるのだ。

ソクラテス

（哲学者）

114

運命《うんめい》は神《かみ》の考《かんが》えるものだ。人間《にんげん》は人間《にんげん》らしく働《はたら》けばそれで結構《けっこう》である。

戦争《せんそう》や自然災害《しぜんさいがい》、パンデミックなど、自分個人《じぶんこじん》ではどうにも避《さ》けられない物事《ものごと》がある。「そういうのは神《かみ》が考《かんが》えることだ」と漱石《そうせき》さんはいう。「運命《うんめい》がどうだ、こうだ」とあがいてみても、しかたがない。人間《にんげん》はただ、目《め》の前《まえ》のやるべきことに取《と》り組《く》み、一所懸命《いっしょけんめい》に生《い》きていくのでいい。自分《じぶん》は何《なに》をすればいいかを考《かんが》えよう。

夏目漱石

（小説家）

115

疑《うたが》う余地《よち》のない純粋《じゅんすい》の喜悦《きえつ》のひとつは、勤労《きんろう》のあとの休息《きゅうそく》である。

働《はたら》いたあとに「休《やす》みだ！」とのんびりしたり、遊《あそ》んだりするときの喜《よろこ》びは、すごくピュアだし、不安《ふあん》も心配《しんぱい》も入《はい》り込《こ》むスキがない。勉強《べんきょう》や仕事《しごと》も同《おな》じだよ。一所《いっしょ》懸命《けんめい》に勉強《べんきょう》して、今日《きょう》は休《やす》んでもいいという日《ひ》は、なんてうれしいだろう。勉強《べんきょう》も仕事《しごと》も、本気《ほんき》で打《う》ち込《こ》むからこそ、休《やす》みは黄金《おうごん》のひとときになる。

イマヌエル・カント

（哲学者）

116

人間《にんげん》は自分《じぶん》の思《おも》いの主人《しゅじん》です。よって人間《にんげん》は、自分《じぶん》の人格《じんかく》の制作者《せいさくしゃ》であり、環境《かんきょう》の設計者《せっけいしゃ》なのです。

「正《ただ》しく明《あか》るい思《おも》い」をめぐらし続《つづ》けることで、人格《じんかく》が磨《みが》かれ、環境《かんきょう》と運命《うんめい》も整《ととの》っていくのだ、とアレンはいっている。「自分《じぶん》が思《おも》うこと」は自分《じぶん》で選《えら》べるのを知《し》っているかな？　いやなことが起《お》こったときでも、「いやいや、こういうふうに考《かんが》えよう」と自分《じぶん》の思《おも》いを正《ただ》しく明《あか》るい方向《ほうこう》へ修正《しゅうせい》することができる。

ジェームズ・アレン

（自己啓発書作家）

117

天才《てんさい》とは、どんな苦労《くろう》にも耐《た》える能力《のうりょく》をいうのだそうだ。とんでもない定義《ていぎ》だが、探偵《たんてい》にはぴったりの言葉《ことば》だ。

『緋色《ひいろ》の研究《けんきゅう》』のなかで、名探偵《めいたんてい》シャーロック・ホームズがいった言葉《ことば》だ。「自分《じぶん》は天才《てんさい》ではないから……」と、夢《ゆめ》や目標《もくひょう》をあきらめる必要《ひつよう》はない。「目標《もくひょう》のために、どんな苦労《くろう》にも耐《た》えよう」と腹《はら》をくくることができる人《ひと》が天才《てんさい》なのだ。この世《せ》界《かい》は、それができるかどうかで結果《けっか》が違《ちが》うようにできている。

アーサー・コナン・ドイル

（作家、医師、政治活動家）

118

普通《ふつう》、人《ひと》は時《とき》をつぶすことに心《こころ》を用《もち》いる。才能《さいのう》ある人間《にんげん》が心《こころ》を用《もち》いるのは、時《とき》を利用《りよう》することである。

一日《いちにち》は24時間《じかん》と決《き》まっている。その限《かぎ》られた時間《じかん》をどう使《つか》うかは、本当《ほんとう》はとても大《だい》事《じ》なことだ。たとえば、今《いま》から3時間《じかん》はヒマだとしよう。だらだらと過《す》ごすのか、好《す》きなことをして有意義《ゆういぎ》な時間《じかん》にするのかで、結果《けっか》は大《おお》きく違《ちが》ってくる。一日《いちにち》の時《じ》間《かん》をどう使《つか》うか、予定《よてい》を立《た》ててみよう。

アルトゥール・ショーペンハウアー

（哲学者）

119

仕事《しごと》をするときは、上機嫌《じょうきげん》でやれ。そうすれば仕事《しごと》ははかどるし、体《からだ》も疲《つか》れない。

楽《たの》しいと思《おも》ってやるのと、いやだなと思《おも》ってやるのとでは大違《おおちが》いだ。楽《たの》しければ、どんどんやりたくなり、いやなことをやるなら、ストレスがたまるばかり。同《おな》じやるなら、上機嫌《じょうきげん》でやるのがいい。ただの演技《えんぎ》でもいいから、上機嫌《じょうきげん》な感《かん》じで取《と》り組《く》もう。仕事《しごと》だろうと勉強《べんきょう》だろうと、スイスイはかどるよ。

アドルフ・ワーグナー
（経済学者）

120

弁解《べんかい》は裏《うら》がえしにした利己心《りこしん》である。

「弁解《べんかい》」とは、「いいわけをすること」。たとえば友《とも》だちと待《ま》ち合《あ》わせをして遅刻《ちこく》したとする。「ごめんね、出《で》がけにお母《かあ》さんに用事《ようじ》をいいつけられちゃって」。でも、それはいいわけだよね。いいわけをしている時点《じてん》で、相手《あいて》にすまないと思《おも》う気持《きも》ちよりも、自分《じぶん》をかばいたい気持《きも》ちのほうが強《つよ》いことが、まるわかりだ。待《ま》たせた自分《じぶん》がよくないのだから、素直《すなお》に謝《あやま》ろう。

オリバー・ウェンデル・ホームズ・シニア
（作家、医学者）

121

わからぬがよろしい。

理屈《りくつ》で考《かんが》えても、わからないことはたくさんある。だから「それにどんな意味《いみ》があるのか」とか、「将来役《しょうらいやく》に立《た》つのか」とか考《かんが》える前《まえ》に、興味《きょうみ》を覚《おぼ》えたり、「おもしろそう」と思《おも》ったりしたら、意味《いみ》なんかわからないまま、とことんやってみるのがいい。理屈《りくつ》や知識《ちしき》をかなぐり捨《す》てて、物事《ものごと》にぶつかってみよう。すると、知《し》りたいこと、本当《ほんとう》のことがわかってくる。きみが求《もと》める答《こた》えはその先《さき》にある。

執行草舟《しぎょうそうしゅう》

（実業家）

122

決定《けってい》をあせってはならない。一晩眠《ひとばんねむ》ればよい知恵《ちえ》が出《で》る。

「AにしようかBにしようか決《き》めかねて、迷《まよ》っているときは、あせって決《き》めないで一晩寝《ひとばんね》たほうがいい」とプーシキンはいっている。たしかに、眠《ねむ》ることで情報《じょうほう》や考《かんが》えが整理《せいり》され、朝起《あさお》きたとき、ふっと正解《せいかい》が浮《う》かんだりするものだ。頭《あたま》で考《かんが》えてもどうどう巡《めぐ》りなときは、潜在意識《せんざいいしき》の判断《はんだん》にまかせよう。大切《たいせつ》なのは、ぐっすり眠《ねむ》ること。夜《よる》に決《き》めてしまわないで、朝《あさ》、目覚《めざ》めたときに判断《はんだん》しよう。

アレクサンドル・プーシキン

（詩人、作家）

123

何《なん》にだって教訓《きょうくん》はあるもんですよ。見《み》つけさえすれば、ね。

『不思議《ふしぎ》の国《くに》のアリス』のなかで、教訓好《きょうくんず》きの公爵夫人《こうしゃくふじん》がアリスにいった言葉《ことば》。どんなことにも学《まな》ぶべき部分《ぶぶん》はある。もっとも、公爵夫人《こうしゃくふじん》の「愛《あい》こそが世界《せかい》を動《うご》かす！」という教訓《きょうくん》に対《たい》して、アリスはすかさず「みんながよけいなおせっかいを焼《や》かなければ、世界《せかい》は動《うご》く」と教訓返《きょうくんがえ》しをしてしまうけれど。

ルイス・キャロル
（数学者、作家、詩人）

124

教《おし》えは外《そと》からではなく、内側《うちがわ》からやってくる

「外《そと》からの教《おし》え」とは、人《ひと》から聞《き》いて得《え》た答《こた》えや、本《ほん》を読《よ》んで得《え》た知識《ちしき》のこと。「内《うち》側《がわ》からの教《おし》え」とは、自分《じぶん》で体験《たいけん》してわかったことや、気《き》づいたこと。「どうしてかな？」と疑問《ぎもん》に思《おも》うことがあれば、自分《じぶん》でその物事《ものごと》をじっくり観察《かんさつ》して、これまでの知識《ちしき》と照《て》らし合《あ》わせて考《かんが》えてみよう。また、頭《あたま》だけで理解《りかい》しようとせずに、行《こう》動《どう》して体験《たいけん》してみる。すると、本当《ほんとう》の意味《いみ》で物事《ものごと》を理解《りかい》することができる。

ネイティブ・アメリカンのホピ族の教え

125

飛《ひ》耳《じ》長《ちょう》目《もく》。

「広《ひろ》くアンテナを張《は》りめぐらして情報《じょうほう》を収集《しゅうしゅう》し、判断《はんだん》をまちがえないようにしなさい」という意味《いみ》。吉田松陰《よしだしょういん》が生《い》きていた幕末《ばくまつ》は、歴史《れきし》が大《おお》きく動《うご》いた時期《じき》だ。漏《も》れのない情報収集《じょうほうしゅうしゅう》は、何《なに》よりも大切《たいせつ》だった。そして、どこに目《め》を向《む》け、誰《だれ》の話《はなし》を聞《き》くのかは、これから大人《おとな》になっていくきみにとっても大切《たいせつ》なことだ。将来《しょうらい》の進路《しんろ》についても、自分《じぶん》で情報収集《じょうほうしゅうしゅう》をして、的確《てきかく》な作戦《さくせん》を練《ね》ろう。

吉田松陰

（長州藩士、思想家）

126

恐怖《きょうふ》は常《つね》に無知《むち》から生《しょう》ずる。

たとえば暗闇《くらやみ》は怖《こわ》いけれど、照明《しょうめい》をつければどこに何《なに》があるのかわかり、平気《へいき》になる。たとえば大勢《おおぜい》の人《ひと》の前《まえ》でスピーチをしなさいといわれたら、緊張《きんちょう》するし、怖《こわ》いと思《おも》うかもしれない。その場合《ばあい》も、話《はな》す内容《ないよう》を考《かんが》えて何回《なんかい》も練習《れんしゅう》し、人《ひと》に聞《き》いてもらい、話《はな》す場所《ばしょ》に行《い》って下見《したみ》もする。そうやって万全《ばんぜん》の準備《じゅんび》を調《ととの》えれば、「知《し》らない」が「もう知《し》っている」に変《か》わるから、怖《こわ》さは薄《うす》れるんだ。

ラルフ・ワルド・エマーソン

（思想家、哲学者、作家、詩人）

127

笑《わら》いは無上《むじょう》の強壮剤《きょうそうざい》であり、また開運剤《かいうんざい》なんだぜ。

天風《てんぷう》さんは、つらいときや悲《かな》しいとき、いやなことがあったとき、「つとめて『笑《わら》う』ようにしてごらん」という。べつにおかしくなくても、アハハと声《こえ》をあげて笑《わら》うと、なんだか自然《しぜん》におかしくなってくる。すると、悲《かな》しいことやつらいことが、自分《じぶん》のなかから逃《に》げていく。しかも、笑《わら》えば笑《わら》うほど、どんどん幸《しあわ》せになり、運《うん》も開《ひら》ける。だとしたら、笑《わら》ったほうがいいね。いつもニコニコ笑顔《えがお》でいよう。

中村天風

（実業家、思想家）

128

経営判断《けいえいはんだん》の根拠《こんきょ》や基準《きじゅん》となる理論《りろん》があれば、行動《こうどう》のぶれも少《すく》なくなる。

「課題《かだい》に直面《ちょくめん》するたびに、私《わたし》は教科書《きょうかしょ》（本《ほん》）を探《さが》し、読《よ》み、解決《かいけつ》する方法《ほうほう》を考《かんが》えてきた」という星野《ほしの》さん。知《し》らない世界《せかい》に飛《と》び込《こ》むときに、何《なん》の作戦《さくせん》ももっていないのは無謀《むぼう》だ。その道《みち》をきわめた先輩《せんぱい》たちの、緻密《ちみつ》な作戦《さくせん》があるのなら、それを本《ほん》で学《まな》び、自分《じぶん》のなかで考《かんが》え抜《ぬ》いたうえで、行動《こうどう》するほうがいい。

星野佳路《よしはる》

（実業家）

129

私《わたし》たちの未来《みらい》をもっとも脅《おびや》かすものは無関心《むかんしん》である。

1960年《ねん》からタンザニアのジャングルでチンパンジーの生態《せいたい》・行動《こうどう》について研《けん》究活動《きゅうかつどう》に入《はい》り、農地開拓《のうちかいたく》による自然破壊《しぜんはかい》に気《き》がついたグドール氏《し》。以来《いらい》、自然保《しぜんほ》護活動《ごかつどう》に力《ちから》を注《そそ》ぎ、世界《せかい》に向《む》けて警鐘《けいしょう》を鳴《な》らし続《つづ》けてきた。「人間《にんげん》1人《り》ひとりが行《こう》動《どう》すれば、私《わたし》たちの未来《みらい》には希望《きぼう》がある」ともいっている。環境破壊《かんきょうはかい》の問題《もんだい》について、自分《じぶん》たちにできることは何《なに》かを考《かんが》えよう。

ジェーン・グドール

（動物行動学者、霊長類学者、国連平和大使）

130

人生《じんせい》の失敗《しっぱい》の多《おお》くは、自分《じぶん》がいかに成功《せいこう》へ近《ちか》づいているかに気《き》づかずに、あきらめてしまった人々《ひとびと》である。

エジソンの発明《はつめい》は大変《たいへん》な努力《どりょく》の成果《せいか》でもあるけれど、注目《ちゅうもく》したいのは、何《なん》でもよいほうに考《かんが》える楽観主義者《らっかんしゅぎしゃ》だったということ。成功《せいこう》への道《みち》のりが長《なが》ければ長《なが》いほど「自分《じぶん》にはムリかも」とあきらめる人《ひと》も多《おお》いだろう。そこで否定的《ひていてき》な気持《きも》ちに引《ひ》きずられないで、最後《さいご》にはうまくいくと信《しん》じて疑《うたが》わなければ、うまくいくのだ。

トーマス・エジソン

（発明家、起業家）

131

どこの国《くに》に生《う》まれようと、地球《ちきゅう》に住《す》む子《こ》どもたちは、みんな同《おな》じ権利《けんり》をもっているはずです。

国連難民高等弁務官《こくれんなんみんこうとうべんむかん》として難民問題《なんみんもんだい》を解決《かいけつ》し、助《たす》ける仕事《しごと》に携《たずさ》わった緒方《おがた》さんの言《こと》葉《ば》。2019年《ねん》には、世界《せかい》の人口《じんこう》の1パーセントにあたる7950万人《まんにん》もの人《ひと》たちが、戦争《せんそう》や迫害《はくがい》を理由《りゆう》に住《す》む場所《ばしょ》を追《お》われ、難民《なんみん》となっているそうだ。自分《じぶん》には関《かん》係《けい》のないことと思《おも》わずに、どうすれば解決《かいけつ》できるのかを自分《じぶん》なりに考《かんが》えてみよう。

緒方貞子《おがたさだこ》

（国際政治学者）

132

私《わたし》たちの住《す》んでいる地球《ちきゅう》は、自分《じぶん》たち人間《にんげん》だけのものではない。

1960年代《ねんだい》に、環境破壊《かんきょうはかい》について警告《けいこく》した『沈黙《ちんもく》の春《はる》』という本《ほん》を書《か》いたカーソンさんの言葉《ことば》。今《いま》では環境問題《かんきょうもんだい》は世界中《せかいじゅう》の国々《くにぐに》で話《はな》し合《あ》われる地球規模《ちきゅうきぼ》の問《もん》題《だい》になっている。自然《しぜん》の環境《かんきょう》を守《まも》るために何《なに》をすべきか、テレビや新聞《しんぶん》などの情《じょう》報《ほう》をそのまま鵜呑《うの》みにしないで、よく考《かんが》えてみよう。

レイチェル・カーソン

（海洋生物学者）

133

私《わたし》がこれまで思《おも》い悩《なや》んだことのうち、98パーセントは取《と》り越《こ》し苦労《ぐろう》だった。

まだ起《お》こってもいないことを心配《しんぱい》する人《ひと》がいる。しかし、トウェインがいうように、98パーセントの悩《なや》みが実際《じっさい》には起《お》こらないとしたら、心配《しんぱい》する時間《じかん》は、なんとムダなことだろう！　この際《さい》、悩《なや》んだり心配《しんぱい》したりするのは、やめにしよう。目《め》の前《まえ》のやるべきこと、楽《たの》しいことに気持《きも》ちを集中《しゅうちゅう》させるほうがずっといい。

マーク・トウェイン

（小説家）

134

百戦百勝《ひゃくせんひゃくしょう》は、善《ぜん》の善《ぜん》なる者《もの》に非《あら》ざるなり。戦《たたか》わずして人《ひと》の兵《へい》を屈《くっ》するは、善《ぜん》の善《ぜん》なる者《もの》なり。

『孫子《そんし》の兵法《へいほう》』の言葉《ことば》。「100回戦《かいたたか》って100回勝《かいか》つより、戦《たたか》わないで勝《か》てたら、それがもっともいい」といっている。戦《たたか》えば、結果《けっか》はどうあれ時間《じかん》がかかり、犠牲《ぎせい》も出《で》て消耗《しょうもう》する。政治的《せいじてき》な駆《か》け引《ひ》きで問題《もんだい》を解決《かいけつ》できれば、そのほうがいい。結果《けっか》を出《だ》すためにムダな労力《ろうりょく》は徹底《てってい》して減《へ》らす。合理的《ごうりてき》な戦《たたか》い方《かた》を選《えら》ぼう。

孫武

（武将、兵法書『孫子』の著者）

135

何《なに》かひとつのことについて考《かんが》えるとき、午前《ごぜん》3時《じ》と次《つぎ》の日《ひ》の正午《しょうご》12時《じ》に考《かんが》えるのでは別《べつ》の答《こた》えが出《で》るな……

漫画《まんが》『ピーナッツ』のなかでスヌーピーがいった言葉《ことば》。ほんとだね。夜中《よなか》に暗《くら》い思《おも》いが浮《う》かんでも、翌日《よくじつ》の正午《しょうご》には、その暗《くら》い気持《きも》ちなんか全否定《ぜんひてい》するような明《あか》るい答《こた》えが浮《う》かんだりする。太陽《たいよう》の光《ひかり》に包《つつ》まれると気分《きぶん》は明《あか》るくなり、勇気《ゆうき》が湧《わ》いてくる。大事《だいじ》なことについては、太陽《たいよう》が闇《やみ》を追《お》い払《はら》ってから考《かんが》えたほうがいい。

チャールズ・M・シュルツ

（漫画家）

136

自由《じゆう》と我儘《わがまま》との界《さかい》は、他人《たにん》の妨《さまた》げをなすとなさざるとの間《あいだ》にあり。

福沢諭吉《ふくざわゆきち》の『学問《がくもん》のすゝめ』のなかの言葉《ことば》。「自由《じゆう》」というのは「責任《せきにん》」と背中合《せなかあ》わせにあるもの。この言葉《ことば》は、どこまでが許《ゆる》されるのかを、てっとりばやく教《おし》えてくれている。思《おも》い通《どお》りに振舞《ふるま》うことが、もしも人《ひと》の迷惑《めいわく》になるのなら、それは我儘《わがまま》（自己《じこ》チュウ）だから、ぐっと我慢《がまん》してやめなさいね、といっている。

福沢諭吉

（啓蒙思想家、教育者）

137

知《し》ることがむずかしいのではない。いかにその知《し》っていることに身《み》を処《しょ》するかがむずかしいのだ。

「勉強《べんきょう》は復習《ふくしゅう》が大事《だいじ》だ」ということを知《し》っていても、知《し》っているだけで、実際《じっさい》に復《ふく》習《しゅう》をやっていなければ、意味《いみ》がない。むずかしいのは「知《し》ること」じゃない。「実《じっ》際《さい》に行動《こうどう》に移《うつ》してみる」ことだ。「大事《だいじ》だよ」といわれたことは、すぐに実行《じっこう》してみよう。行動《こうどう》にうつすのは意外《いがい》とむずかしいけれど、とても大切《たいせつ》なことなんだ。

司《し》馬《ば》遷《せん》

（歴史家、『史記』の著者）

138

木《き》を見《み》て森《もり》を見《み》ず。

「物事《ものごと》の一部分《いちぶぶん》や細《こま》かいところにばかり気《き》をとられ、全体《ぜんたい》を見失《みうしな》っている」ことを教《おし》える言葉《ことば》。「物事《ものごと》は俯瞰《ふかん》しなさい」とよくいわれる。「俯瞰《ふかん》」とは高《たか》いところから見下《みお》ろして全体像《ぜんたいぞう》をつかむこと。目《め》の前《まえ》のことからぐーんと身《み》を引《ひ》いて、ドローンになったつもりで上《うえ》のほうから見下《みお》ろすと、自分《じぶん》のこととか、何《なに》が起《お》きているかがよくわかる。細《こま》かいことを大事《だいじ》にしながらも、いつも全体《ぜんたい》を見《み》るクセをつけよう。

イギリスのことわざ

139

つまらない毎日《まいにち》の生活《せいかつ》をおもしろがること。

過労《かろう》で倒《たお》れた星野源《ほしのげん》さんは、掃除《そうじ》とか洗濯《せんたく》とか、毎日《まいにち》の地味《じみ》な生活《せいかつ》を大事《だいじ》にしていなかった自分《じぶん》を反省《はんせい》した。平等《びょうどう》に与《あた》えられている毎日《まいにち》の時間《じかん》。この地味《じみ》な毎日《まいにち》をムリヤリではなく、おもしろがらなくてはと決心《けっしん》したそうだ。テレビの画面《がめん》のなかで派手《はで》に活躍《かつやく》している芸能人《げいのうじん》だって、実際《じっさい》の生活《せいかつ》はみんなと同《おな》じ、地味《じみ》なことの積《つ》み重《かさ》ねだ。それを楽《たの》しめるかどうかで、人生《じんせい》の幸福感《こうふくかん》は大《おお》きくちがってくる。

星野 源

（シンガーソングライター、俳優、文筆家）

140

本《ほん》を読《よ》むのは歯磨《はみが》きをしたり、お風呂《ふろ》に入《はい》ったりするのと同《おな》じぐらい日常《にちじょう》のこと。

5歳《さい》でデビューして以来《いらい》、女優《じょゆう》として、タレントとして活躍《かつやく》。その一方《いっぽう》で名門進学《めいもんしんがく》校《こう》に通《かよ》い、本《ほん》も年間《ねんかん》１００冊《さつ》以上《いじょう》読《よ》むという芦田愛菜《あしだまな》さん。さまざまな場《ば》での芦田《あしだ》さんの発言《はつげん》は世代《せだい》を超《こ》えて心《こころ》に響《ひび》くものが多《おお》い。よく、大人《おとな》に「本《ほん》を読《よ》め」といわれて、「なぜ？」って思《おも》うけど、答《こた》えは彼女《かのじょ》の姿《すがた》そのものだと思《おも》わない？

芦田愛菜

（女優）

141

何《なに》よりも自然《しぜん》にふるまうことが大切《たいせつ》です。飾《かざ》り気《け》のないあなた自身《じしん》がよいのです。

世界的《せかいてき》に有名《ゆうめい》なアメリカの高級宝石店《こうきゅうほうせきてん》「ティファニー」が作《つく》った本《ほん》、『ティファニーのテーブルマナー』に出《で》てくるメッセージ。見栄《みえ》を張《は》ったり、一夜漬《いちやづ》けでその場《ば》を取《と》りつくろったりするのはカッコ悪《わる》いこと。恥《は》ずかしいこと。知《し》らないことは「知《し》らない」と素直《すなお》に教《おし》えを乞《こ》おう。素直《すなお》がいちばん。どんなことにも通《つう》じるね。

ウォルター・ホービング

（実業家）

142

仕事《しごと》は作業《さぎょう》や。せやから、自分《じぶん》が仕事《しごと》で幸《しあわ》せになりたかったら、自分《じぶん》が一番好《いちばんす》きな「作業《さぎょう》」を選《えら》ばんとあかん。

「仕事《しごと》いうんは『何《なに》か作業《さぎょう》をする』っちゅうことや」とインドの神様《かみさま》・ガネーシャは教《おし》える。毎日長《まいにちなが》い時間仕事《じかんしごと》をするのだから、その作業《さぎょう》が楽《たの》しくないと、やっていられない。仕事《しごと》を選《えら》ぶときは、自分《じぶん》はどんな作業《さぎょう》が好《す》きかを判断基準《はんだんきじゅん》にするといい。たとえば手芸《しゅげい》のように手《て》を動《うご》かす作業《さぎょう》が好《す》き、とかそんな感《かん》じでいいと思《おも》う。

水野敬《けい》也《や》

（作家）

143

学問《がくもん》の道《みち》において油断《ゆだん》してはならない。

この言葉《ことば》のあと、「『論語《ろんご》』にいう。学《まな》んでも考《かんが》えなければ深《ふか》まらない。考《かんが》えても学《まな》ばなければ、独断《どくだん》におちいって危険《きけん》である」と、『論語《ろんご》』からの引用《いんよう》が続《つづ》く。武田《たけだ》信玄《しんげん》を支《ささ》えた副大将《ふくだいしょう》の『武田《たけだ》信繁《のぶしげ》異見《いけん》九十九《くじゅうく》ヶ条《かじょう》』のなかの言葉《ことば》である。いくら学《まな》んでも自分《じぶん》で考《かんが》えなければ身《み》につかないし、ただ考《かんが》えるだけで、人《ひと》から学《まな》ぼうとしなければ考《かんが》えが偏《かたよ》って危険《きけん》だから、勉強《べんきょう》をするときはけっして油断《ゆだん》しないこと。

武田信繁《のぶしげ》

（戦国武将）

144

世《よ》の中《なか》を幸《しあわ》せにしようという正《ただ》しい目的《もくてき》があって、わくわく、美《うつく》しく、一生懸命《いっしょうけんめい》やっていれば奇跡《きせき》は起《お》こるんです。

「日本一《にほんいち》の個人投資家《こじんとうしか》」といわれた竹田和平《たけだわへい》さんは「お金《かね》を否定《ひてい》する人《ひと》は金持《かねも》ちになれないでしょうね」という。「好《す》きだ」といっていれば味方《みかた》をしてくれるし寄《よ》ってくるもの。奇跡《きせき》が起《お》きたときには「自分《じぶん》はスゴい」とか「もっと報酬《ほうしゅう》を」とか、いい出《だ》さないこと。「天《てん》とつながるから奇跡《きせき》が起《お》こる」のだ。

竹田和平

（実業家、投資家）

145

「正射必中《せいしゃひっちゅう》」——正《ただ》しく射《い》られた矢《や》は必《かなら》ず的《まと》に当《あ》たる。

弓道《きゅうどう》5段《だん》の腕前《うでまえ》をもつジェローム・シュシャンは、ビジネスにおいても人生《じんせい》においても「正射必中《せいしゃひっちゅう》」の考《かんが》え方《かた》が大事《だいじ》だという。「当《あ》たるかな？」などと結果《けっか》に気《き》をとらわれないで、一所懸命《いっしょけんめい》正《ただ》しい姿勢《しせい》とプロセスを行《おこな》い、無心《むしん》に矢《や》を放《はな》てば、必《かなら》ず当《あ》たる。大事《だいじ》なのは、正《ただ》しい姿勢《しせい》や型《かた》をちゃんと身《み》につけることだ。正《ただ》しいやり方《かた》を理解《りかい》し、くり返《かえ》し練習《れんしゅう》して自分《じぶん》のものにしておくことがポイントになる。

ジェローム・シュシャン

（ゴディバジャパン社長）

146

低俗《ていぞく》な人々《ひとびと》は偉人《いじん》の欠点《けってん》や愚行《ぐこう》に非常《ひじょう》な喜《よろこ》びを感《かん》じる。

他人《たにん》の悪口《わるぐち》は楽《たの》しい。でも、そのあと、むなしくならないかい？　他人《たにん》の欠点《けってん》をとやかくいっているヒマがあったら、自分《じぶん》の欠点《けってん》に向《む》き合《あ》って克服《こくふく》すべきじゃないだろうか。もし、きみが悪口《わるぐち》をいわれているなら、それは低俗《ていぞく》な人《ひと》から嫉妬《しっと》されている証拠《しょうこ》。自分《じぶん》はそれだけ目立《めだ》つ存在《そんざい》なんだと理解《りかい》して、無視《むし》をするにかぎる。

アルトゥール・ショーペンハウアー

（哲学者）

147

ついに起《お》こらなかった害悪《がいあく》のために、われわれはいかに多《おお》くの時間《じかん》を費《つい》やしたことか。

アメリカ第《だい》3代大統領《だいだいとうりょう》の言葉《ことば》。取《と》り越《こ》し苦労《ぐろう》って言葉《ことば》を知《し》っているかな？ まだ起《お》きていないことを妄想《もうそう》して悩《なや》むのは無駄《むだ》なことだ。実際《じっさい》に起《お》きてから対処《たいしょ》するので十分《じゅうぶん》に間《ま》に合《あ》う。それができる能力《のうりょく》が、きみにも、たいていの人《ひと》にも備《そな》わっている。それにね、心配事《しんぱいごと》って、たいてい起《お》こらなかったりするものなんだよ。

トーマス・ジェファーソン
（政治家）

148

1人《り》の子《こ》ども、1人《り》の教師《きょうし》、1冊《さつ》の本《ほん》、そして1本《ぽん》のペンが、世界《せかい》を変《か》えられるのです。

タリバンによる制圧《せいあつ》で学《まな》ぶことを禁《きん》じられたマララ。11歳《さい》で「女子《じょし》も教育《きょういく》を受《う》けるべき」と声《こえ》を上《あ》げたけれど、そのせいで銃撃《じゅうげき》を受《う》けてしまう。奇跡的《きせきてき》に助《たす》かったのちはイギリスで学《まな》んで、17歳《さい》で史上最年少《しじょうさいねんしょう》のノーベル平和賞《へいわしょう》を受賞《じゅしょう》。今《いま》ではマララの名前《なまえ》を冠《かん》した基金《ききん》や学校《がっこう》もある。マララの言葉《ことば》はマララそのものだ。

マララ・ユサフザイ
（人権運動家）

149

世《よ》の中《なか》に悪《あく》が栄《さか》えるのは、われわれが「ノー」という勇気《ゆうき》をもたないためである。

日本人《にほんじん》にも大《おお》きな影響《えいきょう》を与《あた》えたといわれる、イギリスの作家《さっか》の言葉《ことば》。自分《じぶん》の周《まわ》りにも、どうしても納得《なっとく》のいかないことや誠実《せいじつ》じゃないこと、本当《ほんとう》はやりたくことがあると思《おも》う。そういうときには、勇気《ゆうき》を出《だ》して「いやだ！」といわないと、悪《わる》いことはずっと続《つづ》いてしまう。まずは小《ちい》さなことから、きっぱり「ノー」といおう。

サミュエル・スマイルズ

（作家、医師）

150

喜《よろこ》んだ人《ひと》は喜《よろこ》びの種《たね》を忘《わす》れるが、悲《かな》しんだ人《ひと》は悲《かな》しみの種《たね》を忘《わす》れない。

楽《たの》しかった思《おも》い出《で》は、意外《いがい》と忘《わす》れてしまいがち。でも、悲《かな》しい思《おも》い出《で》は、ずっと長《なが》い間《あいだ》、心《こころ》のなかに残《のこ》っているものだ。人《ひと》は何《なに》かを失《うしな》ったときに「悲《かな》しい」と思《おも》う。大好《だいす》きだったペット、大切《たいせつ》にしていた宝物《たからもの》、信《しん》じていた友《とも》だち……。これらは、一度《いちど》失《うしな》うと二度《にど》と戻《もど》ってこない。だから、ずっと忘《わす》れられないんだ。

マルクス・トゥッリウス・キケロ

（政治家、弁護士、哲学者）

151

僕《ぼく》たちがいっているのは、平和《へいわ》にチャンスを与《あた》えようということだけ。

人類《じんるい》にとって大《おお》きな夢《ゆめ》のひとつは空《そら》を飛《と》ぶことだったけれど、その夢《ゆめ》も、最初《さいしょ》は誰《だれ》かが想像《そうぞう》することから始《はじ》まった。だから「いい未来《みらい》を想像《そうぞう》しよう」とジョン・レノンはいっている。「前向《まえむ》きな未来《みらい》を思《おも》い描《えが》く必要《ひつよう》があるんだよ」と。みんなで戦争《せんそう》のない平和《へいわ》な未来《みらい》を想像《そうぞう》すれば、その夢《ゆめ》はやがて、かなうはずなんだ。

ジョン・レノン

（シンガーソングライター）

152

人生《じんせい》の導《みちび》き手《て》であるよい書物《しょもつ》は、その書物《しょもつ》のなかで語《かた》る偉人《いじん》たちの言葉《ことば》は、求《もと》めさえすれば皆《みな》さんのものとなる。

日本《にほん》の女子《じょし》教育《きょういく》の先駆者《せんくしゃ》、津田梅子《つだうめこ》はアメリカに留学《りゅうがく》したときに、当時《とうじ》18歳《さい》だったヘレン・ケラーに対面《たいめん》したり、フローレンス・ナイチンゲールを訪《たず》ねたりして、深《ふか》い感銘《かんめい》を受《う》けている。そうした偉人《いじん》たちはもう亡《な》くなっているけれど、本《ほん》を読《よ》むことで、偉人《いじん》のすばらしい言葉《ことば》を聞《き》くことはできるよ。

津田梅子

（教育者、津田塾大学創立者）

153

表《おもて》の風《かぜ》に吹《ふ》かれろ！

もともとは企業向《きぎょうむ》けの言葉《ことば》。会社《かいしゃ》は外《そと》の情報《じょうほう》や動《うご》きや、トレンド（傾向《けいこう》）に敏感《びんかん》でありなさいといっている。「表《おもて》の風《かぜ》」つまり「外《そと》から見《み》た分析《ぶんせき》」が必要《ひつよう》だということ。きみも今《いま》のうちから、「自分《じぶん》の夢《ゆめ》ややりたいことは世《よ》の中《なか》に求《もと》められているのか」「どのような能力《のうりょく》が求《もと》められるのか」「トレンドは？」といった情報《じょうほう》にアンテナを張《は》りめぐらせるクセをつけておくといいだろう。

ピーター・ファーディナンド・ドラッカー

（経営学者）

154

宝島《たからじま》の海賊《かいぞく》たちが盗《ぬす》んだ財宝《ざいほう》よりも、本《ほん》には多《おお》くの宝《たから》が眠《ねむ》っている。

ディズニー映画《えいが》の大《おお》もとの話《はなし》は、たいてい本《ほん》のなかにある。『ふしぎの国《くに》のアリス』も、『ピーター・パン』も、もともとは本《ほん》だ。本《ほん》の中《なか》には数限《かずかぎ》りない宝物《たからもの》が詰《つ》まっている。ディズニーは、この言葉《ことば》にこう続《つづ》けている。「そして何《なに》よりも、宝《たから》を毎日味《まいにちあじ》わうことができるのだ」。さあ毎日《まいにち》、本《ほん》を読《よ》もう！

ウォルト・ディズニー

（アニメプロデューサー）

155

宇宙《うちゅう》から国境線《こっきょうせん》は見《み》えなかった。

宇宙飛行士《うちゅうひこうし》の毛利衛《もうりまもる》さんは1992年《ねん》に、スペースシャトル「エンデバー号《ごう》」で宇宙《うちゅう》に飛《と》び立《た》った。帰還《きかん》した直後《ちょくご》に、テレビカメラに向《む》かっていったのがこの言葉《ことば》だ。地球《ちきゅう》では今《いま》でも戦争《せんそう》や民族間《みんぞくかん》の紛争《ふんそう》が絶《た》えないけれど、宇宙《うちゅう》から見《み》れば、地球《ちきゅう》は国境《こっきょう》などない、ひとつの美《うつく》しい青《あお》い星《ほし》なんだ。争《あらそ》いなんてやめて、お互《たが》いに協力《きょうりょく》しながら、この星《ほし》を守《まも》っていきたいものだ。

毛利 衛

（宇宙飛行士、科学者）

156

映画《えいが》というのは、実《じっ》は力《ちから》のある脇役《わきやく》が主役《しゅやく》なんだよ。

映画《えいが》の撮影監督《さつえいかんとく》の川又昂《かわまたたかし》さんは撮影助手《さつえいじょしゅ》を務《つと》めていたとき、小津安二郎監督《おづやすじろうかんとく》からこう教《おし》えられたと話《はな》している。映画作《えいがづく》りに限《かぎ》らず、チームで動《うご》くときは主役《しゅやく》ばかりが目立《めだ》つけれど、実際《じっさい》は周《まわ》りに実力《じつりょく》のある人《ひと》がいるからこそ、チーム全体《ぜんたい》のレベルが上《あ》がるんだ。主役《しゅやく》は脇役《わきやく》に感謝《かんしゃ》すべきだし、脇役《わきやく》は自信《じしん》をもっていい。

小津安二郎

（映画監督）

157

本《ほん》は著者《ちょしゃ》がとても苦労《くろう》して身《み》につけたことを、たやすく手《て》に入《い》れさせてくれる。

何《なに》かを学《まな》びたいときに本《ほん》が役《やく》に立《た》つのは、時代《じだい》が変《か》わっても、本質《ほんしつ》のところは変《か》わらない。情報《じょうほう》はネット上《じょう》にあふれかえっているけれど、人間《にんげん》にとっていちばん大《たい》切《せつ》なことは、長《なが》く読《よ》み継《つ》がれている本《ほん》のなかにある。本《ほん》を読《よ》むことを習慣《しゅうかん》にしよう。本《ほん》はもっとも貴重《きちょう》な学《まな》びの場《ば》だよ。

ソクラテス

（哲学者）

158

インターネットで手軽《てがる》に知識《ちしき》を得《え》ることはできても、手軽《てがる》に得《え》られるのは手軽《てがる》な知識《ちしき》でしかない。

北野武《きたのたけし》さんは「ひとつの知識《ちしき》を本物《ほんもの》の知識《ちしき》にするためには、何冊《なんさつ》も本《ほん》を読《よ》まなくてはいけない。それは昔《むかし》も今《いま》も変《か》わらない」といっている。ネットで手《て》に入《い》れた手《て》軽《がる》な知識《ちしき》は「ハリボテの知識《ちしき》」だって。たしかに、ろくに調《しら》べもしないで書《か》かれたネット記事《きじ》や、知《し》ったかぶりで話《はな》している動画《どうが》をよく見《み》かける。気《き》をつけよう。

北野 武

（お笑い芸人、映画監督）

第4章

生きる意味を考える
ヒントになる言葉

159

生《い》きろ。

映画《えいが》『もののけ姫《ひめ》』のキャッチコピー。映画《えいが》のなかでも、主人公《しゅじんこう》のアシタカがサンに対《たい》して「生《い》きろ」といっている。この世界《せかい》は説明《せつめい》のつかない複雑《ふくざつ》さに満《み》ちている。突然《とつぜん》、防《ふせ》ぎようのない自然災害《しぜんさいがい》が襲《おそ》ってきたり、逆《ぎゃく》に人間《にんげん》が自然破壊《しぜんはかい》を繰《く》り返《かえ》したり。世界各地《せかいかくち》で戦争《せんそう》や紛争《ふんそう》が絶《た》えることもない。人生《じんせい》はいろいろあるけれど、そんななかでも、たくましく、しなやかに生《い》きていこう、というメッセージだ。

糸井重里

（コピーライター）

160

成功者《せいこうしゃ》になろうとするのではなく、むしろ価値《かち》のある人間《にんげん》になろうとしなさい。

地位《ちい》や名誉《めいよ》や財産《ざいさん》を手《て》に入《い》れた人《ひと》を、世間《せけん》は成功者《せいこうしゃ》と呼《よ》ぶ。しかし、それを人生《じんせい》の目的《もくてき》にしてしまうと、お金《かね》のために魂《たましい》を売《う》る人間《にんげん》になってしまう。アインシュタインは「人《ひと》の価値《かち》は、その人《ひと》が得《え》たものではなく、与《あた》えたもので決《き》まる」ともいっている。どうしたら人《ひと》の役《やく》に立《た》てる自分《じぶん》になれるかを考《かんが》えよう。

アルベルト・アインシュタイン

（理論物理学者）

161

自分《じぶん》たちの役割《やくわり》を認識《にんしき》したとき、はじめてぼくらは、幸福《こうふく》になりうる。

この言葉《ことば》のあとには、「そのときはじめて、ぼくらは平和《へいわ》に生《い》き、平和《へいわ》に死《し》ぬことができる」と続《つづ》く。たとえどんなに小《ちい》さくとも、自分《じぶん》に役割《やくわり》があり、誰《だれ》かの役《やく》に立《た》っていると思《おも》えるとき、人《ひと》は幸《しあわ》せを感《かん》じることができる生《い》き物《もの》なのだ。ゆっくりとでいいから、きみにも一生《いっしょう》楽《たの》しめる役割《やくわり》や仕事《しごと》を、ぜひ見《み》つけてほしい。

アントワーヌ・ド・サン=テグジュペリ
（作家、飛行家）

162

自分《じぶん》の至福《しふく》を追求《ついきゅう》しなさい。

自分《じぶん》が好《す》きで選《えら》んだ仕事《しごと》をするなら、それは「至福《しふく》」だとキャンベルはいう。もしきみが、興奮《こうふん》したりワクワクしたりするだけではなく、深《ふか》い幸《しあわ》せを感《かん》じる物事《ものごと》に出《で》会《あ》ったら、誰《だれ》がなんといおうと、それから離《はな》れないこと。それはきみ自身《じしん》にとっての「生命《せいめい》のありか」であり、いきいきと生《い》きるための手段《しゅだん》となるのだ。それを見《み》つけるために、きみはこれから心《こころ》の旅《たび》を始《はじ》めなければならない。

ジョーゼフ・キャンベル
（神話学者）

163

強《つよ》くなることが使命《しめい》……使命《しめい》までいくかわからないですけど、自分《じぶん》のすべきことだと思《おも》います。

自分《じぶん》の才能《さいのう》をわかっているからこその、力強《ちからづよ》い言葉《ことば》だ。優《すぐ》れた才能《さいのう》に恵《めぐ》まれているからには、人《ひと》の期待《きたい》に応《こた》える使命《しめい》があるということだろう。使命《しめい》と思《おも》える道《みち》を見《み》つけられたら、あとは自分《じぶん》を磨《みが》くしかない。きみも自分《じぶん》のもっている力《ちから》や才能《さいのう》を知《し》り、どうやったら人《ひと》を喜《よろこ》ばせたり世《よ》の中《なか》に役立《やくだ》てたりできるかを考《かんが》えてみよう。

藤井聡太《そうた》

（将棋棋士）

164

自分《じぶん》が本当《ほんとう》に何者《なにもの》かを示《しめ》すのは、もっている能力《のうりょく》ではなく、自分《じぶん》がどのような選択《せんたく》をするかということなんじゃよ。

『ハリー・ポッターと秘密《ひみつ》の部屋《へや》』の大魔法使《だいまほうつか》い・ダンブルドアの言葉《ことば》。人《ひと》が見《み》ているのは、きみの行動《こうどう》だ。どんな服《ふく》を選《えら》んで身《み》につけ、どんな友《とも》だちを選《えら》び、どんなことを大切《たいせつ》にするか。そこに、人《ひと》としての本性《ほんしょう》が現《あらわ》れる。大事《だいじ》なのは何《なに》を選択《せんたく》するかだ。その積《つ》み重《かさ》ねが、きみという人間《にんげん》を形作《かたちづく》っていく。

J・K・ローリング

（小説家、脚本家）

165

最初《さいしょ》に自分《じぶん》を尊敬《そんけい》することから始《はじ》めよう。

ニーチェはいっている。「まだ何《なに》もしていない自分《じぶん》を、まだ実績《じっせき》のない自分《じぶん》を、人《にん》間《げん》として尊敬《そんけい》するんだ」と。自分《じぶん》を尊敬《そんけい》していれば、悪《わる》いことはできなくなる。尊《そん》敬《けい》に見合《みあ》った行動《こうどう》をとるようになる。きみはまだ何《なに》ものにもなっていないけれど、存在《そんざい》しているというだけで、すごいことなんだよ。だから照《て》れずに、引《ひ》け目《め》を感《かん》じることなく、自分《じぶん》を認《みと》めよう。そして、尊敬《そんけい》する自分《じぶん》にふさわしい毎日《まいにち》を送《おく》ろう。

**フリードリヒ・
ヴィルヘルム・ニーチェ**
（哲学者、古典文献学者）

166

人《ひと》は、人生《じんせい》が公平《こうへい》ではないことを悟《さと》れるくらいに成長《せいちょう》しなくてはならない。

「そして、ただ自分《じぶん》の置《お》かれた状況《じょうきょう》の中《なか》で最善《さいぜん》を尽《つ》くせばよい」と続《つづ》く。見《み》た目《め》や、才能《さいのう》、親《おや》の経済状態《けいざいじょうたい》など、人《ひと》は生《う》まれながらにして、どう見《み》たって公平《こうへい》ではない。人《ひと》と比《くら》べて落《お》ち込《こ》むこともあるかもしれない。しかし、人《ひと》と比《くら》べることに意《い》味《み》はないと気《き》がついた瞬間《しゅんかん》、きみの人生《じんせい》は大《おお》きな価値《かち》のあるものになるだろう。

**スティーヴン・
ホーキング**
（理論物理学者）

167

明日《あす》ありと思《おも》う心《こころ》のあだ桜《ざくら》、夜半《よわ》に嵐《あらし》の吹《ふ》かぬものかは

親鸞聖人《しんらんしょうにん》が9歳《さい》で出家《しゅっけ》を願《ねが》い出《で》たとき、「もう夜《よる》も遅《おそ》いから明日《あす》にしては」といわれて詠《よ》んだ歌《うた》と伝《つた》わっている。「今《いま》は美《うつく》しく咲《さ》いている桜《さくら》の花《はな》ですが、夜更《よふ》けに強《つよ》い風《かぜ》が吹《ふ》いて散《ち》ってしまうかもしれません」という意味《いみ》。桜《さくら》の花《はな》と同《おな》じように人《ひと》の命《いのち》も限《かぎ》られているから「明日《あす》やればいい」と先《さき》のばしにするのではなく、「今《いま》できることは今《いま》やりたい」といっているのだ。

親鸞

（浄土真宗の宗祖）

168

僕《ぼく》が死《し》を考《かんが》えるのは、死《し》ぬためじゃない。生《い》きるためなのだ。

人間《にんげん》は誰《だれ》でも生《う》まれたときから、やがては死《し》ぬ運命《うんめい》を背負《せお》っている。普段《ふだん》の生活《せいかつ》の真《ま》っ只中《ただなか》にいると、死《し》ぬことなどまったく考《かんが》えないけれど、人間《にんげん》にはいつか死《し》が訪《おとず》れることは確《たし》かなんだ。だからこそ、今《いま》、生《い》きていることは尊《とうと》い。毎日《まいにち》の時間《じかん》を大切《たいせつ》に思《おも》い、喜《よろこ》び、ときには悲《かな》しみ、やれることは全力《ぜんりょく》でやりきろう。

アンドレ・マルロー

（作家、政治家）

169

愛《あい》することと悦《よろこ》び、この2つはひとつ、同《おな》じものなのだ。

『はてしない物語《ものがたり》』のなかで、冒険《ぼうけん》の終《お》わりにバスチアンが気《き》づいたのは、「世《よ》の中《なか》には悦《よろこ》びの形《かたち》は何千何万《なんぜんなんまん》とあるけれども、それはみな、結局《けっきょく》のところたったひとつ、愛《あい》することができるという悦《よろこ》びなのだ」ということだった。愛《あい》することは、生《い》きていくうえでかけがえのないものだ。愛《あい》することで感《かん》じる悦《よろこ》びは、きみをほほ笑《え》ませ、周《まわ》りの人《ひと》たちを慰《なぐさ》める。そのために、人《ひと》は生《い》きているといってもいい。

ミヒャエル・エンデ

（児童文学作家）

170

幸《しあわ》せだから笑《わら》うのではない。笑《わら》うから幸《しあわ》せなのだ。

人《ひと》の喜《よろこ》びや悲《かな》しみ、機嫌《きげん》がいい悪《わる》いは伝染《でんせん》すると、アランはいう。不機嫌《ふきげん》なふるまいをすると、周《まわ》りも不機嫌《ふきげん》になり、それが結局《けっきょく》、自分《じぶん》のところに戻《もど》ってくるのだと。それなら幸《しあわ》せにしていたほうがいい。幸《しあわ》せになるためには、笑《わら》うことだ。アランにはこんな言葉《ことば》もあるよ。「私《わたし》たちが自分《じぶん》を愛《あい》する人《ひと》たちのためになすことができる最善《さいぜん》のことは、自分《じぶん》が幸福《こうふく》になることである」。笑《わら》おうね！

アラン

（哲学者、評論家）

171

人間《にんげん》が不幸《ふこう》なのは、自分《じぶん》が幸福《こうふく》であることを知《し》らないからだ。ただそれだけの理由《りゆう》なのだ。

もしかして、自分《じぶん》の欠点《けってん》や不幸《ふこう》なことばかりを考《かんが》えていないだろうか？　人間《にんげん》というのは「不幸《ふこう》のほうをばかり並《なら》べ立《た》てて、幸福《こうふく》のほうは数《かぞ》えようとしないもの」とドストエフスキーはいっている。青空《あおぞら》を見《み》てうれしいと思《おも》ったり、おやつを食《た》べるときに満足《まんぞく》したり、小《ちい》さな幸《しあわ》せは周《まわ》りにいくらでもある。幸《しあわ》せの数《かず》を数《かぞ》えよう。

フョードル・ドストエフスキー
（小説家、思想家）

172

今日《きょう》は生《い》きるのにもってこいの日《ひ》。

かつてネイティブ・アメリカンの戦士《せんし》たちは、敵《てき》の襲撃《しゅうげき》から部族《ぶぞく》を守《まも》り戦《たたか》うことを誇《ほこ》りに思《おも》い、「今日《きょう》は死《し》ぬのにもってこいの日《ひ》！」と叫《さけ》びながら、敵《てき》に立《た》ち向《む》かっていったそうだ。意味《いみ》はまったく正反対《せいはんたい》だが、どちらの言葉《ことば》も同《おな》じ覚悟《かくご》を秘《ひ》めている。それは、「今日《きょう》はどんなことが起《お》きても誇《ほこ》りをもって立《た》ち向《む》かい、思《おも》い残《のこ》すことのない一日《いちにち》をすごそう」いう強《つよ》い覚悟《かくご》だ。

ネイティブ・アメリカンの長老ベア・ハートの教え

173

弱虫《よわむし》は、愛《あい》を示《しめ》す能力《のうりょく》がない。愛《あい》は、勇者《ゆうしゃ》の特権《とっけん》だ。

ガンディーは「インド独立《どくりつ》の父《ちち》」といわれる人《ひと》だ。愛《あい》の力《ちから》を教《おし》える言葉《ことば》も多《おお》い。「愛《あい》は世界《せかい》でもっとも力強《ちからづよ》く、しかも考《かんが》えうる限《かぎ》りもっとも謙虚《けんきょ》である」「愛《あい》によるパワーは罰《ばつ》を恐《おそ》れるパワーの何千倍《なんぜんばい》も効果的《こうかてき》で永続的《えいぞくてき》だ」。弱虫《よわむし》は暴力《ぼうりょく》や恐怖《きょうふ》によって人《ひと》を支配《しはい》しようとする。あまりに利己的《りこてき》で、愛《あい》を示《しめ》す能力《のうりょく》がない。つまり、愛《あい》は勇者《ゆうしゃ》の特権《とっけん》なのだ。ならばきみも勇者《ゆうしゃ》になって、愛《あい》を示《しめ》そう。

マハトマ・ガンディー

（弁護士、宗教家、政治指導者）

174

目《め》の見《み》える人間《にんげん》は、見《み》えるという幸福《こうふく》を知《し》らずにいる。

ジッドの小説《しょうせつ》のなかで、語《かた》り手《て》の「私《わたし》」が盲目《もうもく》の少女《しょうじょ》に対《たい》していった言葉《ことば》。あたりまえに自分《じぶん》ができていることが、「どれほどありがたいのか」に気《き》づくのはむずかしい。だけど、たとえば「もしも目《め》が見《み》えなかったら」と想像《そうぞう》してみると、見《み》えることのありがたさがわかる。身《み》の回《まわ》りのこと、ひとつひとつ、それがあるのはどんなにうれしいことかを考《かんが》えてみよう。

アンドレ・ジッド

（小説家）

175

世界平和《せかいへいわ》のために何《なに》ができるかですって？家《いえ》へ帰《かえ》って、あなたの家族《かぞく》を愛《あい》しなさい。

自分《じぶん》と人《ひと》は違《ちが》うし、性格《せいかく》の相性《あいしょう》もある。しかし、お互《たが》いの違《ちが》いを認《みと》めて、それでも相手《あいて》の存在《そんざい》を大切《たいせつ》に思《おも》う気持《きも》ちが、平和《へいわ》につながっていく。まずは家族《かぞく》を大切《たいせつ》にして、愛《あい》することから始《はじ》めよう。自分《じぶん》のいちばん身近《みぢか》なところから、平和《へいわ》を実現《じつげん》するんだ。世界《せかい》が平和《へいわ》になるためには、人《ひと》を愛《あい》する気持《きも》ちは欠《か》かせない。

マザー・テレサ

（カトリック修道女、聖人）

176

みんなちがって、みんないい。

「私《わたし》と小鳥《ことり》と鈴《すず》と」という詩《し》をしめくくる言葉《ことば》。小鳥《ことり》は空《そら》を飛《と》べるけれど、人間《にんげん》のように速《はや》くは走《はし》れない。人間《にんげん》をゆすっても音《おと》は出《で》ないけれど、鈴《すず》はきれいな音《おと》をかなでる。この世《よ》にあるものは、みんな違《ちが》うけれど、みんな長所《ちょうしょ》がある、という内《ない》容《よう》の詩《し》だ。相手《あいて》が自分《じぶん》と姿《すがた》が違《ちが》っていたり、力《ちから》が弱《よわ》かったりしても、けっして悪口《わるぐち》をいったり、いじめたりしてはいけないよ。みんなちがって、みんないい。

金子みすゞ

（童謡詩人）

177

呑気《のんき》と見《み》える人々《ひとびと》も、心《こころ》の底《そこ》を叩《たた》いてみると、どこか悲《かな》しい音《おと》がする。

夏目漱石《なつめそうせき》の名作《めいさく》『吾輩《わがはい》は猫《ねこ》である』のなかの言葉《ことば》。猫《ねこ》が漏《も》らした感想《かんそう》だ。表面《ひょうめん》だけ見《み》ると、幸《しあわ》せそうに思《おも》える人《ひと》でも、つらいことや、大変《たいへん》なことを抱《かか》えているものだ。「あの人《ひと》はいいな」とうらやむ必要《ひつよう》はない。誰《だれ》でも生《い》きるのは大変《たいへん》だし、悲《かな》しみも同《おな》じようにある。いろいろあるから、人《ひと》は愛《いと》おしい。

夏目漱石

（小説家）

178

休《やす》みがなければ、人《ひと》は働《はたら》けない。仕事《しごと》がなければ、休《やす》みには何《なん》の意味《いみ》もない。

ときどき休《やす》まなければ、疲《つか》れがたまるので効率《こうりつ》が悪《わる》いし、ムリをしすぎると何《なに》も考《かんが》えられなくなったりする。休《やす》みの日《ひ》には、気分転換《きぶんてんかん》のために仕事《しごと》から離《はな》れるのがいい。ただし、休《やす》みというのは、仕事《しごと》の合間《あいま》にとるからこそ黄金《おうごん》の時間《じかん》になる。仕事《しごと》がなければ、休《やす》みのありがたみはなくなる。ただヒマをもて余《あま》すだけだろう。

アブハジア共和国のことわざ

179

天《てん》から与《あた》えられている何《なに》ものかに、ぜひとも到達《とうたつ》しなければならない。

物理学賞《ぶつりがくしょう》と化学賞《かがくしょう》で二度《にど》、ノーベル賞《しょう》を受賞《じゅしょう》したキュリー夫人の言葉《ことば》。「天《てん》から与《あた》えられている何《なに》ものか」とは、自分《じぶん》に与《あた》えられた才能《さいのう》で達《たっ》することができる高《たか》みのこと。努力《どりょく》して到達《とうたつ》する価値《かち》のあるものだ。その高《たか》みは、誰《だれ》にでもある。きみにとってそれは何《なん》だろう。それを考《かんが》え始《はじ》めた時点《じてん》で、もう高《たか》みへ向《む》かっている。

マリ・キュリー

（物理学者、化学者）

180

為《な》せば成《な》る　為《な》さねば成《な》らぬ成《な》る業《わざ》を成《な》らぬと捨《す》つる人《ひと》のはかなき

「がんばって取《と》り組《く》めばできる。がんばってやればできることを、できないとあきらめてしまうところに、人《ひと》の弱《よわ》さがある」という意味《いみ》の言葉《ことば》。武田信玄《たけだしんげん》は、「できないと決《き》めつけないで、とりあえずやってみよう」といっているのだ。何事《なにごと》も、やる前《まえ》からあきらめるのはもったいない。

武田信玄

（戦国武将）

181

過《す》ぎ去《さ》ったことは過《す》ぎ去《さ》ったことだから、過《す》ぎ去《さ》ったこととして、そのままにしておこう。

終《お》わったことは、いくら後悔《こうかい》してもしかたがない。たとえば、過去《かこ》の失敗《しっぱい》なんて、未来《みらい》の自分《じぶん》の行動《こうどう》によって書《か》き換《か》えることもできるんだ。「あの失敗《しっぱい》があったから、今《いま》の自分《じぶん》がある」といえるようになったら、その失敗《しっぱい》はもはや、失敗《しっぱい》でなくなる。過去《かこ》のことにこだわり続《つづ》けるより、これからの自分《じぶん》をがんばるほうがいい。

ホメーロス

（古代ギリシャの詩人）

182

自分《じぶん》が幸《しあわ》せかどうかは、自分《じぶん》で決《き》めるしかないのよ。

「人《ひと》の成功《せいこう》をねたんでいるだけでは、生《い》きている価値《かち》がありません。そして成功《せいこう》イコール幸《しあわ》せでもないもんよ。人生《じんせい》とは、えらくやっかいなものですね」と、芸能界《げいのうかい》で成功《せいこう》したマツコ・デラックスさんはいう。幸《しあわ》せかどうかは、自分《じぶん》で決《き》められる。どう思《おも》うかは自分《じぶん》しだいなのだ。人《ひと》をうらやむ必要《ひつよう》もない。今《いま》いる環境《かんきょう》のなかで、誰《だれ》かのために毎日《まいにち》を精《せい》いっぱい生《い》きていけたら、それこそが幸《しあわ》せな人生《じんせい》だ。

マツコ・デラックス

（コラムニスト、タレント）

183

さあみんな　出発《しゅっぱつ》しましょう
どんなに苦《くる》しくとも

宮崎駿《みやざきはやお》さんの漫画版《まんがばん》『風《かぜ》の谷《たに》のナウシカ』の終盤《しゅうばん》に出《で》てくるナウシカの言葉《ことば》。「私達《わたしたち》はみな　あまりに多《おお》くのものを失《うしな》いました　でもすべては終《お》わったのです　今《いま》はすべてを始《はじ》める時《とき》です」というナウシカ。人類《じんるい》は、それでも生《い》きていかなければならない。絶望的《ぜつぼうてき》な状況《じょうきょう》でも、とにかく前《まえ》を向《む》いて歩《ある》き続《つづ》けよう。

宮崎 駿
（アニメ映画監督）

184

いちばん大切《たいせつ》なことは、単《たん》に生《い》きることそのものではなくて、善《よ》く生《い》きることである。

プラトンが書《か》いた『ソクラテスの弁明《べんめい》』のなかの言葉《ことば》。「善《よ》く生《い》きる」とは、知《ち》恵《え》、思《おも》いやり、勇気《ゆうき》、正義《せいぎ》……など、人《ひと》としての優《すぐ》れた特質《とくしつ》を身《み》につけ、誠心誠《せいしんせい》意《い》、生《い》きていくこと。むずかしいけれど、そのときどきに、「こっちのほうが、善《よ》い生《い》き方《かた》だよね」と思《おも》えるほうを選《えら》べば、いいんじゃないかな。

プラトン
（哲学者）

185

この人生《じんせい》では、なぜ悲《かな》しむかということはけっして問題《もんだい》ではなく、どんなに悲《かな》しむかということだけが問題《もんだい》です。

「人形《にんぎょう》をこわしたからといって泣《な》くことと、少《すこ》し大《おお》きくなって、友《とも》だちをなくしたからといって泣《な》くこと、それはどちらも同《おな》じことです」とケストナーはいう。子《こ》どもでも、ときには悲《かな》しく、不幸《ふこう》になるものだ。簡単《かんたん》に考《かんが》えて「そんなことで泣《な》くの？」といってはいけない。悲《かな》しみの深《ふか》さは、本人《ほんにん》でないとわからない。

エーリヒ・ケストナー
（小説家、詩人）

186

逃《に》げるは恥《はじ》だが役《やく》に立《た》つ。

「逃《に》げるのは恥《は》ずかしいことだが、ひとまず生《い》き抜《ぬ》くことのほうが大切《たいせつ》」という意《い》味《み》のことわざ。たとえば「自分《じぶん》はこれをやりたい」と宣言《せんげん》し、今《いま》まで突《つ》っ走《ぱし》ってきたとしても、どこかの時点《じてん》で「自分《じぶん》に向《む》いていないな」と思《おも》ったら、意思《いし》が弱《よわ》いとか節操《せっそう》がないとかいわれようとも、進路変更《しんろへんこう》してもいいよ、ということでもある。登頂寸前《とうちょうすんぜん》で下山《げざん》を決定《けってい》した登山家《とざんか》のように、勇気《ゆうき》ある撤退《てったい》は、賢《かしこ》い選択《せんたく》なのだ。

ハンガリーのことわざ

187

生《い》きることはつらいことと楽《たの》しいことの繰《く》り返《かえ》し。毎日《まいにち》が今日《きょう》と同《おな》じでいいの。

映画《えいが》『シン・エヴァンゲリオン劇場版《げきじょうばん》𝄇』のなかの、穏《おだ》やかな日々《ひび》を送《おく》る鈴原《すずはら》ヒカリの言葉《ことば》。つらいことをくぐり抜《ぬ》け、平和《へいわ》な日々《ひび》を送《おく》る幸《しあわ》せ。きみにも、これからハードなことがいろいろ待《ま》ち受《う》けているかもしれないけれど、楽《たの》しいこともまた、たくさんある。つらいことのあとには、楽《たの》しいことが待《ま》っているものだ。

庵野秀明《あんのひであき》

（映画監督）

188

幸《しあわ》せって失《うしな》ってはじめてあれが幸《しあわ》せだったのかな、と気《き》づくものだったりするよ。

辻仁成《つじひとなり》さんが17歳《さい》の息子《むすこ》さんに向《む》けて、著書《ちょしょ》のなかで伝《つた》えていること。「幸《しあわ》せって何《なに》？　成功《せいこう》？　お金《かね》？　ぜいたくできる暮《く》らし？」と考《かんが》えた末《すえ》に、辻《つじ》さんは気《き》がついた。幸《しあわ》せとは、あとから「あれが幸《しあわ》せだったのかな」って感《かん》じるものじゃないかと。日常《にちじょう》のささいなところに隠《かく》れている幸《しあわ》せを大切《たいせつ》にしよう。

辻 仁成

（作家）

郵便はがき

料金受取人払郵便

京都中央局
承認

3252

差出有効期間
2022年7月31日
まで

(切手は不要です)

601-8790

205

京都市南区西九条
北ノ内町十一

PHP研究所
家庭教育普及部
お客様アンケート係 行

1060

ご住所 □□□-□□□□	
TEL :	
お名前	ご年齢 歳
メールアドレス	@

今後、PHP から各種ご案内やメルマガ、アンケートのお願いをお送りしてもよろしいでしょうか？ □YES □NO

＜個人情報の取り扱いについて＞

ご記入頂いたアンケートは、商品の企画や各種ご案内に利用し、その目的以外の利用はいたしません。なお、頂いたご意見はパンフレット等に無記名にて掲載させて頂く場合もあります。この件のお問い合わせにつきましては下記までご連絡ください。

（PHP研究所　家庭教育普及部　TEL.075-681-8554　FAX.050-3606-4468）

PHPアンケートカード

PHPの商品をお求めいただきありがとうございます。
あなたの感想をぜひお聞かせください。

お買い上げいただいた本の題名は何ですか。

どこで購入されましたか。

ご購入された理由を教えてください。（複数回答可）

1　テーマ・内容　2　題名　3　作者　4　おすすめされた　5　表紙のデザイン
6　その他（　　　　　　　　　　　　　　　　　　　　）

ご購入いただいていかがでしたか。

1　とてもよかった　2　よかった　3　ふつう　4　よくなかった　5　残念だった

ご感想などをご自由にお書きください。

あなたが今、欲しいと思う本のテーマや題名を教えてください。

189

まあ！　きょうも、運《うん》のいい日《ひ》らしいわ。

ごたごた荘《そう》で、サルのニルソン氏《し》と1頭《とう》の馬《うま》と暮《く》らす、強《つよ》くてたくましい女《おんな》の子《こ》ピッピ。ピッピがよく口《くち》にするのが、「運《うん》がいい」。彼女《かのじょ》は言動《げんどう》も行動《こうどう》も、何《なに》もかもが自由《じゆう》で突拍子《とっぴょうし》もない。でも、料理《りょうり》も掃除《そうじ》も1人《り》でこなして、新《あたら》しい遊《あそ》びを生《う》み出《だ》す天才《てんさい》でもある。特《とく》に、誰《だれ》かを楽《たの》しませる才能《さいのう》はピカイチ。だから、みんなピッピが大好《だいす》き。言葉《ことば》は人《ひと》を作《つく》るんだよ。「私《わたし》は運《うん》がいい！」を口《くち》グセにしてみよう。

アストリッド・リンドグレーン
（作家）

190

だれだって、じぶんだけのおとぎの国《くに》があるんですよ！

バンクス家《け》の子《こ》どもたちの面倒《めんどう》をみているメアリー・ポピンズ。いかつくて厳《きび》しい、そして、やさしい彼女《かのじょ》がバンクス家《け》の子《こ》どもたちにいった言葉《ことば》。友《とも》だちと過《す》ごす時間《じかん》はもちろん楽《たの》しい。でも、自分《じぶん》だけの空想《くうそう》の世界《せかい》をもっていることも大事《だいじ》だよ。きみが1人《り》で自由《じゆう》に羽《は》ばたくとき、その時間《じかん》はきみの心《こころ》を豊《ゆた》かにしてくれる。

P・L・トラヴァース
（作家）

191

一羽《いちわ》のツバメは春《はる》をつくらず。

ツバメは春《はる》がきたことを教《おし》えてくれるけれど、べつにツバメが春《はる》をつくったわけじゃないよ、という話《はなし》。雪《ゆき》が解《と》け、南風《みなみかぜ》が吹《ふ》き始《はじ》め、大地《だいち》に植物《しょくぶつ》が芽吹《めぶ》き、もろもろの条件《じょうけん》が調《ととの》って、はじめて春《はる》になる。それは幸《しあわ》せも同《おな》じだ、といっている。「自分《じぶん》は幸《しあわ》せだな」と感《かん》じるきっかけはいろいろあるけれど、実《じつ》は、さまざまな人《ひと》との出会《であ》いや誰《だれ》かの支《ささ》え、出来事《できごと》などがあって、はじめてその幸《しあわ》せは生《う》まれるのだ。

ギリシャのことわざ

192

自分《じぶん》の過《あやま》ちを認《みと》めることはつらい。しかし過《あやま》ちをつらく感《かん》じるということの中《なか》に、人間《にんげん》の立派《りっぱ》さもある。

『君《きみ》たちはどう生《い》きるか』のなかで、友《とも》だちとともに上級生《じょうきゅうせい》の横暴《おうぼう》に立《た》ち向《む》かえなかったコペル君《くん》に、おじさんが伝《つた》えた言葉《ことば》。どうすれば正《ただ》しかったのかを知《し》っていて、本当《ほんとう》は行動《こうどう》する力《ちから》もあった。だからこそ、つらい涙《なみだ》をながすのだ。しかし、その「過《あやま》ち」から立《た》ち直《なお》ることはできる。必要《ひつよう》なのは、素直《すなお》に謝《あやま》る勇気《ゆうき》だけだ。

吉野源三郎
（編集者、児童文学者、評論家）

193

この世《よ》に生《せい》を受《う》けたこと。それ自体《じたい》が最大《さいだい》のチャンスではないか。

「音速《おんそく》の貴公子《きこうし》」と呼《よ》ばれたアイルトン・セナ。伝説《でんせつ》の天才《てんさい》F1ドライバーともいわれ、その活躍《かつやく》は恵《めぐ》まれた家庭環境《かていかんきょう》や幸運《こううん》によるものと、ねたまれたりもしたが、本人《ほんにん》はこう答《こた》えている。「神《かみ》はこの上《うえ》なく公平《こうへい》なものだ。どのような人間《にんげん》にも才能《さいのう》を与《あた》えてくれている」と。

アイルトン・セナ・ダ・シルバ

（レーシング・ドライバー）

194

我事《われこと》におゐ《い》て後悔《こうかい》をせず。

剣豪《けんごう》、宮本武蔵《みやもとむさし》が死《し》の床《とこ》において書《か》いた『独行道《どっこうどう》』二十一《にじゅういち》カ条《じょう》のなかのひとつ。剣《けん》の道《みち》をきわめた武蔵《むさし》の「かくあるべし」という生《い》き方《かた》の指針《ししん》だ。「あのとき、ああすればよかった」と後悔《こうかい》ばかりしていても始《はじ》まらない。違《ちが》う選択《せんたく》をしていたらどうなっていたか、なんてわかりっこないのだ。それよりも、これまで過《す》ごしてきた、かけがえのない日々《ひび》と、努力《どりょく》を積《つ》み上《あ》げてきた自分《じぶん》を信《しん》じて生《い》きていこう。

宮本武蔵

（剣術家）

195

自分《じぶん》で自分《じぶん》を見《み》つめることのできる人間《にんげん》は勝《か》ちの人生《じんせい》、自分《じぶん》で自分《じぶん》を見失《みうしな》った人間《にんげん》は負《ま》けの人生《じんせい》。

落語家《らくごか》として、また演芸番組《えんげいばんぐみ》『笑点《しょうてん》』の出演者《しゅつえんしゃ》として活躍《かつやく》してきた桂歌丸《かつらうたまる》さんの言葉《ことば》。自分《じぶん》のなかにもう1人《り》の自分《じぶん》がいて、自分《じぶん》を客観的《きゃっかんてき》に見《み》られる人《ひと》は納得《なっとく》のいく人生《じんせい》を送《おく》れる。ズルズルとその場《ば》の思《おも》いに流《なが》され続《つづ》け、自分《じぶん》を見失《みうしな》ってしまうと、いつか苦《にが》い思《おも》いをすることになるよ、と忠告《ちゅうこく》してくれている。

桂歌丸

（落語家）

196

人間《にんげん》には、ものを考《かんが》える時間《じかん》が必要《ひつよう》だ。

ビル・ゲイツがいっているように、誰《だれ》にも邪魔《じゃま》をされない自分《じぶん》だけの時間《じかん》は必要《ひつよう》だ。ゲイツ自身《じしん》も年《ねん》に2回《かい》は、同僚《どうりょう》や家族《かぞく》にも連絡《れんらく》をとらず、1人《り》で過《す》ごす時間《じかん》を設《もう》けているという。すると、自分《じぶん》の考《かんが》えが深《ふか》まり、創造的《そうぞうてき》なアイデアが浮《う》かんだりするそうだよ。毎日忙《まいにちいそが》しくても、ときどきは自分《じぶん》1人《り》でものを考《かんが》える時間《じかん》を確保《かくほ》しよう。そして、静《しず》かに自分《じぶん》の心《こころ》の中《なか》をのぞいたり、考《かんが》えをめぐらしたりしたい。

ビル・ゲイツ

（実業家、マイクロソフトの共同創業者）

197

命《いのち》はなぜ目《め》に見《み》えないか。それは命《いのち》とは君《きみ》たちが持《も》っている時間《じかん》だからなんだよ。

１０５歳《さい》で亡《な》くなるまで、現役《げんえき》の医師《いし》として活躍《かつやく》した日野原重明《ひのはらしげあき》さん。晩年《ばんねん》は全国《ぜんこく》の小学校《しょうがっこう》に出向《でむ》いて「いのちの授業《じゅぎょう》」を行《おこな》った。命《いのち》は空気《くうき》などと同《おな》じで、目《め》に見《み》えない。本当《ほんとう》に大切《たいせつ》なものは目《め》に見《み》えないと、日野原《ひのはら》さんは教《おし》えた。時間《じかん》は命《いのち》なんだ。ムダ遣《づか》いするわけにはいかない。命《いのち》、すなわち時間《じかん》を大切《たいせつ》に生《い》きよう。

日野原重明

（医師、
聖路加国際病院名誉院長）

198

運《うん》がよくなるとは、別《べつ》な言葉《ことば》で言《い》えば「どんな状況《じょうきょう》でも幸《しあわ》せを感《かん》じられる」ということ。

「感情《かんじょう》がマイナスにふれたとき、プラスにもっていく工夫《くふう》を自分《じぶん》ですることが大《だい》事《じ》」と浅見帆帆子《あさみほほこ》さんはいう。もしも落《お》ち込《こ》んだときは、友《とも》だちと話《はな》すとか、好《す》きな音楽《おんがく》を聞《き》くとか、また幸《しあわ》せを実感《じっかん》できるように自分《じぶん》の心《こころ》をケアしよう。自分《じぶん》が幸《しあわ》せであることが、運《うん》を呼《よ》び寄《よ》せるいちばんの方法《ほうほう》だ。

浅見帆帆子

（作家、エッセイスト）

199

なんでやっているのかとよく聞《き》かれますが、結局《けっきょく》、理屈《りくつ》じゃないんですね。

35年間《ねんかん》にわたってパキスタンとアフガニスタンの人々《ひとびと》の支援《しえん》に取《と》り組《く》んできた医師《いし》の言葉《ことば》。中村《なかむら》さんはアフガニスタンで銃撃《じゅうげき》を受《う》けて死去《しきょ》した。「誰《だれ》もが行《い》きたがらぬところへ行《い》け」を信条《しんじょう》とし、戦乱《せんらん》のアフガニスタンでは用水路《ようすいろ》を掘《ほ》り、約《やく》65万《まん》人《にん》の生活《せいかつ》と命《いのち》を救《すく》った。魂《たましい》が「やりたい」といっているなら、理屈《りくつ》はいらない。

中村 哲《てつ》

（医師、
元ペシャワール会現地代表）

200

置《お》かれた場所《ばしょ》で咲《さ》きなさい。

たくさんの学生《がくせい》たちを指導《しどう》してきた渡辺和子《わたなべかずこ》さんの言葉《ことば》。こんな親《おや》のところに生《う》まれたから、学校《がっこう》が悪《わる》いから、友《とも》だちがへんなヤツだから……。何《なに》かうまくいかないことがあると、人《ひと》は周《まわ》りのせいにしてしまいがち。でもね、きみが今《いま》いる場所《ばしょ》は、きみが何《なに》かを学《まな》ぶために必要《ひつよう》な場所《ばしょ》だから、そこにいるんだよ。だから、まずは逃《に》げないで、その場所《ばしょ》で一所懸命《いっしょけんめい》に咲《さ》く努力《どりょく》をしてみよう。

渡辺和子

（キリスト教カトリック修道女）

201

丁寧《ていねい》に書《か》くと心《こころ》が整《ととの》い、字《じ》も生《い》き方《かた》も美《うつく》しくなる。

書道家《しょどうか》の武田双雲《たけだそううん》さんは、「いい字《じ》」を書《か》くいちばんの極意《ごくい》は、雑《ざつ》にではなく、丁《てい》寧《ねい》に書《か》くことだと教《おし》えている。最初《さいしょ》に筆《ふで》を置《お》くときや、はらいやとめまで。「丁寧《ていねい》にふるまうと心《こころ》が整《ととの》って幸《しあわ》せになる。いい生《い》き方《かた》ができるようになる」。脳外科医《のうげかい》や自律神経《じりつしんけい》のお医者《いしゃ》さん、スポーツ選手《せんしゅ》、僧侶《そうりょ》……。活躍《かつやく》する分野《ぶんや》は違《ちが》っても、多《おお》くの人《ひと》が同《おな》じようなことをいっている。

武田双雲
（書道家）

202

人間一生《にんげんいっしょう》　誠《まこと》に纔《わづ》かの事《こと》なり　すいた事《こと》をして　暮《く》らすべきなり

江戸時代《えどじだい》の武士《ぶし》の心得《こころえ》だ。人間《にんげん》の一生《いっしょう》は短《みじか》い。たとえ生《う》まれ変《か》わったとしても、きみがきみだとわかるのは、今《いま》のこの人生《じんせい》だけ。やり残《のこ》しは次《つぎ》の人生《じんせい》で、っていうわけにはいかないんだ。だから、自分《じぶん》が本当《ほんとう》にやりたいことを見《み》つけなさいということ。ただし、「やりたい放題《ほうだい》やりなさい」という意味《いみ》ではないので注意《ちゅうい》しよう。

山本常朝《つねとも》
（佐賀藩士）

203

この私《わたし》は、けっしてあなたでもなければ、かれでもない。

作家《さっか》の太田治子《おおたはるこ》さんは、「太宰治《だざいおさむ》の娘《むすめ》」といわれることにわだかまりを感《かん》じていた。でも、この言葉《ことば》を知《し》って、目《め》の前《まえ》が急《きゅう》に明《あか》るくなったそうだ。十人十色《じゅうにんといろ》という言葉《ことば》があるように、人間《にんげん》は1人《り》ひとり、みんなが違《ちが》っている。親子《おやこ》や兄弟姉妹《きょうだいしまい》であっても、やっぱり違《ちが》う。だから、きみはきみを大切《たいせつ》にしてあげてね。「自分《じぶん》には個性《こせい》がない」なんて思《おも》っていないかい？ そんなことは、けっしてないから。

パール・
サイデンストリッカー・バック
（小説家）

204

人間三百六十五日《にんげんさんびゃくろくじゅうごにち》、何《なん》の心配《しんぱい》も無《な》い日《ひ》が、一日《いちにち》、いや半日《はんにち》あったら、それは仕合《しあ》わせな人間《にんげん》です。

太宰治《だざいおさむ》さんの言葉《ことば》だけれど、徳川家康《とくがわいえやす》も「人《ひと》の一生《いっしょう》は重荷《おもに》を負《をひ》て遠《とお》き道《みち》を行《い》くが如《ごと》し」と、似《に》た言葉《ことば》を残《のこ》している。幸《しあわ》せになる秘訣《ひけつ》は、幸福《こうふく》のハードルを上《あ》げすぎないことだ。もっとおこづかいがほしい、もっとモテたい、最新《さいしん》のパソコンがほしい……。あんまり強欲《ごうよく》になると、今《いま》の幸《しあわ》せさえも失《うしな》ってしまうよ。

太宰 治
（小説家）

205

すべての日《ひ》が、それぞれの贈《おく》り物《もの》をもっている。

毎日《まいにち》が同《おな》じことのくり返《かえ》しのように思《おも》えても、まったく同《おな》じ日《ひ》なんて、ありえない。大好《だいす》きなあの子《こ》と言葉《ことば》を交《か》わした。かわいい野良猫《のらねこ》と出会《であ》った。晩《ばん》ご飯《はん》に大好《だいこう》物《ぶつ》の唐揚《からあ》げが出《で》た……。これらは全部《ぜんぶ》、新《あたら》しい一日《いちにち》が用意《ようい》してくれた贈《おく》り物《もの》だ！　きみが贈《おく》り物《もの》に気《き》づくかどうかで、きみの一日《いちにち》はまったく違《ちが》ったものになる。人生《じんせい》も同《おな》じだ。毎晩《まいばん》、眠《ねむ》る前《まえ》に思《おも》い出《だ》してみよう。今日《きょう》の贈《おく》り物《もの》は何《なん》だった？

マルクス・ウァレリウス・マルティアリス
（詩人）

206

細菌学者《さいきんがくしゃ》は国民《こくみん》にとっての命《いのち》の杖《つえ》とならねばならない。

北里柴三郎博士《きたざとしばさぶろうはくし》の時代《じだい》にも、克服《こくふく》されない伝染病《でんせんびょう》が数多《かずおお》くあり、人々《ひとびと》の命《いのち》を守《まも》る戦《たたか》いが続《つづ》いていた。もとは、「ドイツ国民《こくみん》の命《いのち》を支《ささ》える杖《つえ》として細菌学《さいきんがく》を向上《こうじょう》させたい」といっていた世界的《せかいてき》な細菌学者《さいきんがくしゃ》、ロベルト・コッホ博士《はくし》の言葉《ことば》だけれど、北《きた》里《ざと》さんは師匠《ししょう》のこの言葉《ことば》を信条《しんじょう》として、伝染病《でんせんびょう》の克服《こくふく》と予防《よぼう》につとめたんだ。みんなが、何《なに》かの形《かたち》で誰《だれ》かの杖《つえ》になれたらいいね。

北里柴三郎
（医学者、細菌学者）

207

もっとも勇気《ゆうき》ある者《もの》はもっとも心《こころ》やさしい者《もの》であり、愛《あい》ある者《もの》は勇敢《ゆうかん》である。

新渡戸稲造《にとべいなぞう》はアメリカに滞在《たいざい》していたときに『武士道《ぶしどう》』という本《ほん》を英文《えいぶん》で書《か》いた。日本《にほん》の道徳《どうとく》について考察《こうさつ》したもので、１９００年《ねん》にアメリカで出版《しゅっぱん》され世界的《せかいてき》なベストセラーになった。その本《ほん》のなかの言葉《ことば》だ。勇気《ゆうき》とやさしさをあわせもっているのがサムライだといっている。「勇気《ゆうき》」と「愛《あい》」の種《たね》はきみのなかにある。

新渡戸稲造

（教育者、思想家）

208

人生《じんせい》は美《うつく》しいことだけ覚《おぼ》えていればいい。

作家《さっか》の佐藤愛子《さとうあいこ》さんが感動《かんどう》したという、澤田美喜《さわだみき》さんの言葉《ことば》。澤田《さわだ》さんは、エリザベス・サンダース・ホームをつくり、多《おお》くの混血孤児《こんけつこじ》を育《そだ》てた人《ひと》だ。ある黒人《こくじん》の混《こん》血孤児《けつこじ》が青年《せいねん》になってアメリカにいる父親《ちちおや》に会《あ》いに行《い》った。ところが、その父親《ちちおや》は罪《つみ》を犯《おか》して監獄《かんごく》に入《はい》っていた。思《おも》わず泣《な》く青年《せいねん》に、澤田《さわだ》さんは「人生《じんせい》は美《うつく》しいことだけ覚《おぼ》えていればいい」と慰《なぐさ》めたという。人生《じんせい》には、忘《わす》れたほうがいいこともある。

澤田美喜

（社会事業家）

209

上善《じょうぜん》は水《みず》の如《ごと》し。

紀元前《きげんぜん》6世紀《せいき》に生《い》きた中国《ちゅうごく》の哲学者《てつがくしゃ》、老子《ろうし》の言葉《ことば》。もっともよい生《い》き方《かた》とは、水《みず》のようなものだ。水《みず》はすべての命《いのち》を助《たす》けながら、自己主張《じこしゅちょう》をせず、低《ひく》いところを流《なが》れる。心《こころ》は深《ふか》く静《しず》かで、人《ひと》をわけへだてしないし、ウソ偽《いつわ》りもない。争《あらそ》わないから、もめたりもしない。水《みず》は流動《りゅうどう》するからこそ、力《ちから》をもつ。水《みず》のように自然《しぜん》の流《なが》れに沿《そ》った、しなやかな生《い》き方《かた》をしよう、と教《おし》えてくれている。

老子

（哲学者、道教の始祖）

210

成功《せいこう》は結果《けっか》であって、目的《もくてき》ではない。

何《なに》かに挑戦《ちょうせん》するとき、成功《せいこう》を第一《だいいち》の目的《もくてき》としないようにと、フランスの小説家《しょうせつか》、フローベールはいう。お金持《かねも》ちになったり、人《ひと》から注目《ちゅうもく》を浴《あ》びたりすることを、人《ひと》は成功《せいこう》といったりするけれど、それは目的《もくてき》に向《む》けて努力《どりょく》した結果《けっか》であって、目《もく》的《てき》そのものではない。目的《もくてき》とは、きみが実際《じっさい》に取《と》り組《く》みたいことや、それをやれたら幸《しあわ》せなこと。目的《もくてき》に向《む》かって努力《どりょく》をすれば、結果《けっか》はあとからついてくる。

ギュスターヴ・フローベール

（小説家）

211

人生最高《じんせいさいこう》の価値《かち》は知識《ちしき》にあらず、黄金《おうごん》にあらず、名誉《めいよ》にあらず、ただ一個《いっこ》の善人《ぜんにん》たるにあり。

綱島梁川《つなしまりょうせん》は明治時代《めいじじだい》の思想家《しそうか》。34歳《さい》の若《わか》さで、肺結核《はいけっかく》で亡《な》くなっている。たくさんの人《ひと》に影響《えいきょう》を与《あた》え、慕《した》われた人《ひと》だった。梁川《りょうせん》のこの言葉《ことば》は、ひとつの生《い》き方《かた》を教《おし》えてくれている。善人《ぜんにん》であることこそが偉大《いだい》なのだといっている。では、善人《ぜんにん》とはどういう生《い》き方《かた》なのか、考《かんが》えてみよう。

綱島梁川

（宗教思想家、評論家）

212

いいことが起《お》こったときは「おかげさま」と思《おも》う。

ノーベル生理学《せいりがく》・医学賞《いがくしょう》を受賞《じゅしょう》した山中伸弥《やまなかしんや》さんがモットーにしていること。うまくいくと、ついつい自分《じぶん》がスゴいと思《おも》いがちだけど、よく考《かんが》えてみると、誰《だれ》かから影響《えいきょう》を受《う》けたり、手伝《てつだ》ってもらったりしたはず。「周《まわ》りの人《ひと》の支《ささ》えや助《たす》けがあってはじめて、物事《ものごと》はうまくいく」ことを忘《わす》れずに。逆《ぎゃく》に悪《わる》いことが起《お》こったときは「身《み》から出《で》たサビ」、つまり自分《じぶん》のせいだと考《かんが》えよう、と山中《やまなか》さんはいっている。

山中伸弥

（医師、京都大学
iPS細胞研究所所長）

第5章

仲間の大切さを実感できる言葉

213

感情的《かんじょうてき》になったら絶対《ぜったい》負《ま》けます。冷静《れいせい》なやつにはかなわない。

腹《はら》が立《た》つこともあるかもしれないけれど、そこで感情《かんじょう》をむき出《だ》しにしてしまったら、きみの負《ま》けだ。「底《そこ》が知《し》れる感《かん》じがつまらない」とイチローさんはいう。感情《かんじょう》が爆発《ばくはつ》しそうになったときは、できれば誰《だれ》かに相談《そうだん》するといい。きっと冷静《れいせい》になれるだろう。こういうとき、なんでも話《はな》せる仲間《なかま》は貴重《きちょう》だね。

イチロー

（元プロ野球選手）

214

愛《あい》は唯一《ゆいいつ》、理性的《りせいてき》な行為《こうい》である。

大学時代《だいがくじだい》の恩師《おんし》がミッチ・アルボムに語《かた》った言葉《ことば》。「愛《あい》とは理性《りせい》の判断《はんだん》にもとづく、道理《どうり》にかなった行為《こうい》だ」という意味《いみ》。死《し》の床《とこ》にあった恩師《おんし》は、「人生《じんせい》でいちばん大事《だいじ》なことは、愛《あい》をどうやって外《そと》に出《だ》すか、どうやってなかに受《う》け入《い》れるか、その方法《ほうほう》を学《まな》ぶことだよ」といっている。愛《あい》し、愛《あい》されることをためらわないように。愛《あい》とは、生《い》きるうえでもっとも優先《ゆうせん》されるべき大事《だいじ》な価値基準《かちきじゅん》なんだ。

ミッチ・アルボム

（スポーツコラムニスト）

215

おれは助《たす》けてもらわねェと生《い》きていけねェ自信《じしん》がある!!!

漫画《まんが》『ONE《ワン》 PIECE《ピース》』で海賊王《かいぞくおう》をめざし、仲間《なかま》とともに航海《こうかい》を続《つづ》けるルフィの言葉《ことば》。大《おお》きなことをやり遂《と》げるには、1人《り》の力《ちから》ではどうにもならない。仲間《なかま》とチームを組《く》み、それぞれの得意《とくい》なことを活《い》かして力《ちから》を合《あ》わせることで、どんな夢《ゆめ》も実現《じつげん》できるのだ。人《ひと》は誰《だれ》でも、たくさんの人《ひと》に助《たす》けてもらって生《い》きていることを知《し》ろう。

尾田栄一郎

（漫画家）

216

頭《あたま》がいいなんて何《なに》よ！　もっと大切《たいせつ》なものがあるのよ……友情《ゆうじょう》とか勇気《ゆうき》とか……。

『ハリー・ポッターと賢者《けんじゃ》の石《いし》』のハーマイオニーの言葉《ことば》。成績《せいせき》が一番《いちばん》でも、それだけで生《い》きていくのはむずかしい。友《とも》だちがいること、勇敢《ゆうかん》であることなど、大切《たいせつ》なことはいっぱいある。もし、お互《たが》いにわかり合《あ》えて尊敬《そんけい》できる友《とも》だちに出会《であ》えたら、きみはものすごくラッキーだ。人《ひと》は1人《り》では生《い》きていけないのだから。

J・K・ローリング

（小説家、脚本家）

217

叱《しか》られる人《ひと》を常《つね》に三人《さんにん》持《も》て。

「叱《しか》られる」というのは、自分《じぶん》では気《き》づけない、まちがっているところを正《ただ》してもらえるチャンスだ。倉本《くらもと》さんは「天狗《てんぐ》になりやすいから」と、先輩《せんぱい》から、叱《しか》られる人《ひと》を三人《さんにん》もつようにいわれたという。自分《じぶん》のことは見《み》えないもの。だからこそ、叱《しか》ってくれる人《ひと》は必要《ひつよう》なんだ。親《おや》でも、先生《せんせい》でも、部活《ぶかつ》のコーチでも、親身《しんみ》になってきみを叱《しか》ってくれる人《ひと》がいたら、それを素直《すなお》に受《う》けとめ、肥《こ》やしにしよう。

倉本 聰《そう》

（脚本家）

218

信頼《しんらい》がなければ、友情《ゆうじょう》はない。誠実《せいじつ》さがなければ、信頼《しんらい》はない。

信頼《しんらい》できて、尊敬《そんけい》できて、心《こころ》から語《かた》り合《あ》える友《とも》だちがいたら、どんなに楽《たの》しいだろう！　そんな素敵《すてき》な友情《ゆうじょう》を育《そだ》てるためには、まず、きみ自身《じしん》が人《ひと》に信頼《しんらい》される人《にん》間《げん》にならないといけない。そして、信頼《しんらい》されるには、誰《だれ》に対《たい》しても同《おな》じように誠実《せいじつ》であることが大事《だいじ》だ。約束《やくそく》は守《まも》る。秘密《ひみつ》は誰《だれ》にも漏《も》らさない。陰口《かげぐち》を叩《たた》かない！

スティーブン・R・コヴィー

（作家、経営コンサルタント）

219

人間関係《にんげんかんけい》を大事《だいじ》にするなら、本音《ほんね》を言《い》わないとあかん。

「むしろ本音《ほんね》を言《い》わない人《ひと》は、逆《ぎゃく》に人間関係《にんげんかんけい》を大事《だいじ》にしていないように思《おも》える」と本田選手《ほんだせんしゅ》はいう。人《ひと》はお互《たが》い他人《たにん》なんだから、別《べつ》の考《かんが》えがあったり、意見《いけん》が違《ちが》っていたりしても、あたりまえだ。違《ちが》う考《かんが》えがあるからこそ、率直《そっちょく》に意見《いけん》をいい合《あ》い、相手《あいて》の話《はなし》を聞《き》いて、わかり合《あ》おうとする。いつも「無難《ぶなん》にソツなく」では、相《あい》手《て》を本当《ほんとう》には理解《りかい》できないし、好《す》きになってもらえない。

本田圭佑

（プロサッカー選手）

220

誠実《せいじつ》は、人間《にんげん》の保《たも》ちうる、もっとも高尚《こうしょう》なものである。

頭《あたま》がよくてスポーツが万能《ばんのう》でも、約束《やくそく》を守《まも》らなかったり、気《き》が向《む》かないと仕事《しごと》をしなかったり、嘘《うそ》をついたりなど、誠実《せいじつ》さのない人《ひと》のことは信《しん》じられないね。誠実《せいじつ》さのない人間《にんげん》は、結局人《けっきょくひと》に信用《しんよう》されない。人《ひと》は信用《しんよう》されるからこそ、豊《ゆた》かな人生《じんせい》を送《おく》れる。「自分《じぶん》は人《ひと》に誠実《せいじつ》であろう！」と心《こころ》に決《き》め、信用《しんよう》される人間《にんげん》になろう。誠実《せいじつ》さこそは、人《ひと》としてもちたい、もっとも偉大《いだい》な長所《ちょうしょ》なんだ。

ジェフリー・チョーサー

（詩人）

221

あんまり、おおげさに考《かんが》えすぎないようにしろよ。

『ムーミン谷《だに》の十一月《じゅういちがつ》』より、スナフキンの言葉《ことば》。誰《だれ》かと関《かか》わるなかで「あの人《ひと》はきっとこう思《おも》っているにちがいない」と心《こころ》が痛《いた》むことはないだろうか？　そういう場合《ばあい》、たいがいは思《おも》い過《す》ごしだ。「なんでも大《おお》げさに考《かんが》えすぎないことだ」とスナフキンはいう。そんなときは、片《かた》づけでもスポーツでも、なんでもいいから体《からだ》を動《うご》かしてみると落《お》ち着《つ》くし、気《き》持《も》ちを切《き》り替《か》えられるよ。

トーベ・ヤンソン

（児童文学作家）

222

この上《うえ》なく穏《おだ》やかな心《こころ》は、この上《うえ》なく強《つよ》い心《こころ》です。穏《おだ》やかな心《こころ》の持《も》ち主《ぬし》は、常《つね》に愛《あい》され、敬《うやま》われます。

穏《おだ》やかな人《ひと》というのは、自分自身《じぶんじしん》の心《こころ》を正《ただ》しくコントロールできる人《ひと》。大人《おとな》であってもむずかしいことだよ。激《はげ》しい感情《かんじょう》に押《お》し流《なが》されそうなとき、暗《くら》い気《き》持《も》ちに飲《の》み込《こ》まれそうなときにグッと踏《ふ》みとどまるには、熟練《じゅくれん》の技《わざ》がいる。「静《しず》かでいよう」「穏《おだ》やかでいよう」と心《こころ》に語《かた》りかけ、闇《やみ》に飲《の》み込《こ》まれない強《つよ》い心《こころ》を育《そだ》てよう。

ジェームズ・アレン

（自己啓発書作家）

223

空気《くうき》と光《ひかり》と、そして友情《ゆうじょう》。これだけが残《のこ》っていれば気《き》を落《お》とすことはない。

地球《ちきゅう》に空気《くうき》がなかったら、人間《にんげん》は生《い》きられない。太陽《たいよう》がなければ、そもそも植物《しょくぶつ》が育《そだ》たないので、生《い》きていけない。空気《くうき》も太陽《たいよう》の光《ひかり》も、人《ひと》の命《いのち》をつくる大切《たいせつ》なもの。友情《ゆうじょう》はそれと同《おな》じぐらいに重要《じゅうよう》な「生《い》きる力《ちから》」だといっている。「自分《じぶん》にとっての友《とも》だちってなんだろう」と考《かんが》えてみよう。

ヨハン・ヴォルフガング・フォン・ゲーテ

（小説家、劇作家、詩人、自然科学者）

224

愛《あい》は理解《りかい》の別名《べつめい》なり。

「理解《りかい》」という言葉《ことば》を辞書《じしょ》で調《しら》べると「人《ひと》の気持《きも》ちや立場《たちば》がよくわかること」とある。人《ひと》を理解《りかい》するというのは、本当《ほんとう》はむずかしい。人《ひと》と自分《じぶん》は違《ちが》っているからだ。「自分《じぶん》はこうだ」という思《おも》いをできる限《かぎ》り振《ふ》り払《はら》い、相手《あいて》の立場《たちば》になって考《かんが》えてみよう。そうやって相手《あいて》のことがわかり、受《う》け入《い》れられたら、やさしい気持《きも》ちになれるし、応援《おうえん》したくもなる。それが理解《りかい》することであり、愛《あい》するということでもある。

ラビンドラナート・タゴール

（詩人、思想家）

225

友情《ゆうじょう》は喜《よろこ》びを二倍《にばい》にし、悲《かな》しみを半分《はんぶん》にする。

いいことがあったとき、友《とも》だちが一緒《いっしょ》に喜《よろこ》んでくれたら、こんなうれしいことはないだろう。それこそ、喜《よろこ》びは倍《ばい》になるよね。逆《ぎゃく》に、悲《かな》しいことがあったときには、友《とも》だちが聞《き》いてくれて、慰《なぐさ》めてくれたらホッとする。悲《かな》しみは半分《はんぶん》になる。きみの話《はなし》を親身《しんみ》になって聞《き》いてくれる友《とも》だちがいるのなら、その友情《ゆうじょう》を大切《たいせつ》にしよう。本物《ほんもの》の友情《ゆうじょう》は、一生《いっしょう》の宝物《たからもの》だ。

フリードリヒ・フォン・シラー

（詩人、劇作家）

226

至誠《しせい》にして動《うご》かざる者《もの》いまだ之《これ》あらざるなり。

「これ以上《いじょう》ないというほどの誠実《せいじつ》な思《おも》い、つまり嘘《うそ》のない本当《ほんとう》の気持《きも》ちや考《かんが》えを伝《つた》えれば、必《かなら》ず相手《あいて》を感動《かんどう》させられる」という意味《いみ》。誠意《せいい》をもって、事《こと》にあたりなさいと教《おし》えている。たとえば、どうしても親《おや》や友人《ゆうじん》を説得《せっとく》したいとき、この言葉《ことば》を思《おも》い浮《う》かべよう。いろいろな事情《じじょう》があっても、真剣《しんけん》に、本音《ほんね》で話《はな》せば、きみの気持《きも》ちをわかってくれるし、できる範囲《はんい》で応援《おうえん》してくれるだろう。

孟子《もうし》

（儒学者）

227

自分《じぶん》がおもしろいと思《おも》っていることを相手《あいて》もおもしろがってくれるというのは、なんて素敵《すてき》なことだろう。

言葉《ことば》がつっかえて、思《おも》うように話《はな》せない男《おとこ》の子《こ》を描《えが》いた『きよしこ』という物語《ものがたり》のなかの言葉《ことば》。男《おとこ》の子《こ》は夢《ゆめ》のなかで出会《であ》った「きよしこ」に、話《はな》したいことを思《おも》いっきり話《はな》す。きよしこは、うなずきながら、その話《はなし》を面白《おもしろ》がって聞《き》いてくれる。幸《しあわ》せなひとときだ。きみも、最後《さいご》まで話《はなし》を聞《き》いてあげられる友《とも》だちになろう。

重松《しげまつ》 清《きよし》

（作家）

228

友《とも》だちは第二《だいに》の自己《じこ》である。

自分《じぶん》の友《とも》だちを、よく見《み》てみよう。きみの友《とも》だちの姿《すがた》は、つまり、きみ自身《じしん》なんだ。付《つ》き合《あ》っている友《とも》だちには、必《かなら》ず自分《じぶん》と似《に》たところがある。「何《なに》を大切《たいせつ》に思《おも》うか」とか、「どんなことが好《す》きか」といった価値観《かちかん》が似《に》ているから、友《とも》だちになるんだ。もし、友《とも》だちを観察《かんさつ》してみて「ここは直《なお》してほしいな」という部分《ぶぶん》を見《み》つけたら、それはきみ自身《じしん》の欠点《けってん》なのかもしれない。

アリストテレス

（哲学者）

229

自分《じぶん》の舌《した》に耳《みみ》を塞《ふさ》がれる前《まえ》に、しっかり聞《き》くのだ。

人《ひと》の話《はなし》を聞《き》くことの大切《たいせつ》さを教《おし》える言葉《ことば》。よくやりがちなのが、人《ひと》の話《はなし》に途中《とちゅう》で割《わ》って入《はい》って発言《はつげん》の邪魔《じゃま》をして、自分《じぶん》が話題《わだい》の中心《ちゅうしん》になってしまうこと。途中《とちゅう》で話《はなし》をさえぎられた人《ひと》は、不満《ふまん》が残《のこ》る。自分《じぶん》がいいたいことばかりに気《き》をとられ、人《ひと》の話《はなし》を聞《き》かない人《ひと》は、話《はなし》がヘタな人《ひと》だ。まずは口《くち》を閉《と》じ、相手《あいて》の話《はなし》に耳《みみ》を傾《かたむ》けること。人《ひと》はそういう相手《あいて》を好《す》きになるんだ。

ネイティブ・アメリカンの古い言い伝え

230

何《なに》はともあれ、他人《たにん》に好《す》かれる人間《にんげん》になりましょう。

「そうすれば、おのずと有意義《ゆういぎ》な幸福《こうふく》な人生《じんせい》を生《い》きられるんだから」と、中村天風《なかむらてんぷう》さんはいう。また、「他人《たにん》に好《す》かれようと思《おも》ったら、何《なに》よりも自分《じぶん》があまり好《す》き嫌《きら》いのないようにすること」とも。嫌《きら》いだなと思《おも》う人《ひと》でも、敵対《てきたい》する相手《あいて》でも、自分《じぶん》がその相手《あいて》の立場《たちば》だったら、どう思《おも》うかと考《かんが》えてみる。相手《あいて》との間《あいだ》に壁《かべ》をつくったり、ケンカをしたりするより、仲《なか》よくする方法《ほうほう》をまず考《かんが》えよう。

中村天風

（実業家、思想家）

231

丸《まる》くとも一《ひと》かどあれや人心《ひとごころ》 あまりまろきはころびやすきぞ

「人《ひと》は穏《おだ》やかなほうがいいけれど、芯《しん》のしっかりとしたブレないところもあったほうがいい」という意味《いみ》。ただ「いい人《ひと》」というだけでは、意外《いがい》とうまくいかないのが世《よ》の中《なか》というもの。何《なに》かひとつ、とがったところもあるほうが、他人《たにん》には一目《いちもく》置《お》かれるものだ。自分《じぶん》の得意《とくい》をきわ立《だ》たせ、自分《じぶん》の意見《いけん》や主張《しゅちょう》をもつようにしよう。

坂本龍馬

（土佐藩郷士）

232

微笑《ほほえ》みはこの世《よ》の通行手形《つうこうてがた》。

「微笑《ほほえ》んでいれば、どこでも通用《つうよう》する」と美輪《みわ》さんはいう。「大《おお》げさではなく、微笑《ほほえ》みは一生《いっしょう》を変《か》えてくれる」とも。微笑《ほほえ》む人《ひと》を嫌《きら》いという人《ひと》は、まずいない。微笑《ほほえ》みは人《ひと》をひきつける。人《ひと》が周《まわ》りに寄《よ》ってくるということは、幸運《こううん》を開《ひら》く鍵《かぎ》でもあるということ。運《うん》を開《ひら》きたいからと、パワースポットといわれる場所《ばしょ》を訪《おとず》れる人《ひと》も多《おお》いけれど、いちばん身近《みぢか》で確実《かくじつ》なパワースポットは、きみの顔《かお》にある。

美輪明宏

（シンガーソングライター、俳優、演出家）

233

いつまでも そこに じっとしてる わけには いかないよ。 なんとか かんがえなくちゃ。

1人《り》ぼっちで海《うみ》を泳《およ》ぐスイミーは、自分《じぶん》と同《おな》じ小《ちい》さな魚《さかな》の仲間《なかま》たちが岩陰《いわかげ》に潜《ひそ》んでいるのを見《み》つける。「遊《あそ》ぼうよ」と声《こえ》をかけても、「大《おお》きな魚《さかな》に食《た》べられてしまう」と動《うご》こうとしない魚《さかな》たちにかけたのがこの言葉《ことば》。出《だ》した答《こた》えは、みんなで群《む》れをつくって大《おお》きな魚《さかな》の形《かたち》になる作戦《さくせん》。勇気《ゆうき》を出《だ》して知恵《ちえ》を絞《しぼ》れば、打開策《だかいさく》は見《み》つかる。

レオ=レオニ

（絵本作家）

234

笑《わら》いと上機嫌《じょうきげん》もまた、世《よ》の中《なか》でこの上《うえ》なしの伝染力《でんせんりょく》を振《ふ》るうものである。

小説《しょうせつ》『クリスマス・キャロル』のなかの言葉《ことば》。「物事《ものごと》は公平《こうへい》に公明正大《こうめいせいだい》に立派《りっぱ》に調整《ちょうせい》されている。病気《びょうき》や悲《かな》しみが伝染《でんせん》する一方《いっぽう》、笑《わら》いと上機嫌《じょうきげん》もまた、世《よ》の中《なか》でこの上《うえ》なしの伝染力《でんせんりょく》を振《ふ》るう」とディケンズさんはいっている。いつも上機嫌《じょうきげん》で笑《わら》っていよう。こちらがお腹《なか》を抱《かか》えて笑《わら》えば、周《まわ》りも笑《わら》い始《はじ》めるよ。

チャールズ・ディケンズ

（小説家）

235

人《ひと》の己《おの》れを知《し》らざるを患《うれ》えず、人《ひと》を知《し》らざるを患《うれ》うる也《なり》。

「自分《じぶん》をわかってくれないと嘆《なげ》くよりも、自分《じぶん》は人《ひと》を理解《りかい》していないのではないかと気《き》にかけなさい」という『論語《ろんご》』の言葉《ことば》。「なんでわかってくれないんだ」と悔《くや》しがったり、怒《いか》りを感《かん》じているときは、自己中心的《じこちゅうしんてき》になっている証拠《しょうこ》だよ。そういうときこそ、自分《じぶん》は相手《あいて》を理解《りかい》しようとしているだろうか、と考《かんが》えてみよう。

孔子《こうし》

（思想家、哲学者、儒教の始祖）

236

自分《じぶん》を元気《げんき》づけるいちばんの方法《ほうほう》は、誰《だれ》か他《ほか》の人《ひと》を元気《げんき》づけることだ。

落《お》ち込《こ》んでいるときには、ひとつのことをどうどうめぐりで考《かんが》えていたりするね。つまり、心《こころ》が閉《と》じている状態《じょうたい》だ。しかし、他《ほか》の人《ひと》が元気《げんき》ないのに気《き》づいて「大丈《だいじょう》夫《ぶ》？　なんとかなるよ」と声《こえ》をかけることができたら、きみの心《こころ》は閉《と》じている状《じょう》態《たい》から抜《ぬ》け出《だ》せるんだ。人《ひと》にかける励《はげ》ましの言葉《ことば》は、自分《じぶん》に返《かえ》ってくる。

マーク・トウェイン

（小説家）

237

怒《いか》りはいつでも愚行《ぐこう》に始《はじ》まり、悔恨《かいこん》に終《お》わる。

「頭《あたま》にカーッと血《ち》がのぼる」という言葉《ことば》があるように。怒《いか》りは一瞬《いっしゅん》に頭《あたま》の中《なか》に拡《ひろ》がり、冷静《れいせい》な気持《きも》ちを追《お》いやってしまう。「こうしたらこうなる」と考《かんが》える理性《りせい》が吹《ふ》き飛《と》び、ついついバカなことを、いったりやったりしてしまう。怒《いか》りが鎮《しず》まって残《のこ》るのは、いつも後悔《こうかい》だけ。もしも怒《いか》ってしまいそうになったら、「いけない、心《こころ》を鎮《しず》めよう。後悔《こうかい》するぞ！」と、自分《じぶん》の心《こころ》に危険信号《きけんしんごう》を送《おく》ろう。

ピタゴラス

（数学者、哲学者）

238

人《ひと》が人《ひと》の親切《しんせつ》を有難《ありがた》く思《おも》うは、その志《こころざし》よりもその行《おこな》いにある。

いつまでも心《こころ》に残《のこ》り、長《なが》い間《あいだ》忘《わす》れないのは、言葉《ことば》ではなく人《ひと》の行為《こうい》だ。たとえば、傘《かさ》を忘《わす》れたときに「大丈夫《だいじょうぶ》？」と心配《しんぱい》してくれた人《ひと》よりも、傘《かさ》を貸《か》してくれた人《ひと》のほうを覚《おぼ》えているものだ。困《こま》っている人《ひと》がいたら、言葉《ことば》ではなく行動《こうどう》で示《しめ》そう。ほんのささいな親切《しんせつ》でも、人《ひと》は感謝《かんしゃ》して、ずっと覚《おぼ》えていてくれるものだよ。

渋沢栄一

（官僚、実業家）

239

生《い》きる価値《かち》のない人《ひと》などいない。人《ひと》は誰《だれ》でも、誰《だれ》かの重荷《おもに》を軽《かる》くしてあげることができるのだから。

きみがその気《き》になれば、人《ひと》のつらいことや悲《かな》しい気持《きも》ちを軽《かる》くしてあげることができる。たとえば、クラスメイトが1人《り》で掃除《そうじ》をしていて大変《たいへん》そうだったら、手伝《てつだ》う。おばあさんが重《おも》い荷物《にもつ》を背負《せお》っていたら、持《も》ってあげる。泣《な》いている人《ひと》がいたら、「大丈夫《だいじょうぶ》？」と声《こえ》をかける。それができる人《ひと》は、みんな生《い》きる価値《かち》がある。

チャールズ・ディケンズ
（小説家）

240

愛《あい》は消《き》えても親切《しんせつ》は残《のこ》る。

小説家《しょうせつか》の村上春樹《むらかみはるき》さんが『雨天炎天《うてんえんてん》』のなかで紹介《しょうかい》している、カート・ヴォネガットさんの言葉《ことば》。親切心《しんせつしん》は、心《こころ》にしみるものだ。何年《なんねん》かたって思《おも》い出《だ》しても、ありがたみを感《かん》じる。ヴォネガットさんは、男女《だんじょ》の愛《あい》が消《き》えたあとも、親切《しんせつ》にされた記憶《きおく》は残《のこ》るといっている。きみも、人《ひと》には親切《しんせつ》にしよう。もちろんそれは、「親切《しんせつ》にすれば感謝《かんしゃ》をしてくれるから」といった打算抜《ださんぬ》きの、無償《むしょう》の行為《こうい》であるべきだ。

カート・ヴォネガット
（小説家、劇作家、エッセイスト）

241

かけた情け《なさ》は水《みず》に流《なが》せ、受《う》けた恩《おん》は石《いし》に刻《きざ》め。

スーパーボランティア、尾畠春夫《おばたはるお》さんの座右《ざゆう》の銘《めい》。人《ひと》はたいてい、他人《たにん》にしてあげたことはよく覚《おぼ》えている。あいつにノートを見《み》せてやった、宿題《しゅくだい》を手伝《てつだ》ってやった、というように。でも、そんな恩着《おんき》せがましい心《こころ》を捨《す》てて、「無償《むしょう》で与《あた》える気持《きも》ち」は、本当《ほんとう》は与《あた》えた人自身《ひとじしん》を幸《しあわ》せにしてくれるものだ。尾畠《おばた》さんの、煮《に》しめたような赤《あか》いねじりはち巻《ま》きの下《した》の瞳《ひとみ》は、澄《す》み切《き》って幸《しあわ》せそうに輝《かがや》いている。

尾畠春夫

（スーパーボランティア）

242

誰《だれ》かを食事《しょくじ》に招《まね》くということは、その人《ひと》が自分《じぶん》の家《いえ》にいる間《あいだ》じゅう、その幸福《こうふく》を引《ひ》き受《う》けるということだ。

19世紀《せいき》の初《はじ》めに書《か》かれた『美味礼賛《びみらいさん》』という本《ほん》のなかの言葉《ことば》。人《ひと》を自宅《じたく》に招《まね》いての食事《しょくじ》は相手《あいて》の「幸福《こうふく》を引《ひ》き受《う》けること」。おいしい料理《りょうり》に愉快《ゆかい》な会話《かいわ》、温《あたた》かいもてなしの雰囲気《ふんいき》を大事《だいじ》にしたい。人《ひと》を家《いえ》に招《まね》くときだけでなく、誰《だれ》かといっしょに食事《しょくじ》をするときには、いつも相手《あいて》を幸《しあわ》せにすることを考《かんが》えたいものだ。

ジャン・アンテルム・ブリア=サヴァラン

（法律家、政治家、美食家）

243

人《ひと》は城《しろ》 人《ひと》は石垣《いしがき》 人《ひと》は堀《ほり》 情《なさ》けは味方《みかた》 讐《あだ》は敵《てき》なり

甲斐《かい》（今《いま》の山梨県《やまなしけん》）武田家《たけだけ》19代《だい》当主《とうしゅ》の武田信玄《たけだしんげん》の言葉《ことば》。信玄《しんげん》は堅牢《けんろう》な城《しろ》をもたず、館《やかた》を拠点《きょてん》としていた。家老《かろう》たちに「城《しろ》を建《た》てたほうがいいのでは？」といわれ、答《こた》えたのがこの言葉《ことば》だ。人材《じんざい》こそが城《しろ》、石垣《いしがき》、堀《ほり》であり、強《つよ》い守《まも》りなのだ。人《ひと》に情《なさ》けをかければ味方《みかた》になってくれるし、ないがしろにしてしまうと敵《てき》になる。何《なに》よりも大事《だいじ》なのが、人《ひと》なのだ、と思《おも》いやりをもって人《ひと》と接《せっ》し、仲間《なかま》を増《ふ》やそう。

武田信玄

（戦国武将）

244

馬《うま》の良《よ》さは、乗《の》ってわかる。人《ひと》の良《よ》さは、付《つ》き合《あ》ってわかる。

人《ひと》は見《み》た目《め》じゃわからない。おとなしそうに見《み》えて、けっこうキツいことばかりをいう人《ひと》もいれば、怖《こわ》そうな顔《かお》をしているのに、話《はな》してみるとユーモアがあり、やさしかったりする。人《ひと》を見《み》た目《め》だけで判断《はんだん》しないで、まずは話《はなし》をしてみよう。案外《あんがい》気《き》が合《あ》って、一生《いっしょう》の友《とも》だちになれるかもしれないよ。

モンゴルのことわざ

245

情《なさ》けは人《ひと》のためならず。

2つの意味《いみ》で、「人《ひと》への親切《しんせつ》は自分《じぶん》のためにもなる」といっている。ちょっとしたことでも、人《ひと》に親切《しんせつ》にすると、相手《あいて》はもちろんだが、自分自身《じぶんじしん》もうれしくなる。自《じ》分《ぶん》はけっこういいやつだと、心《こころ》が喜《よろこ》ぶんだ。だから、その時点《じてん》でもう自分《じぶん》のためになっている。もう1つの意味《いみ》は、打算《ださん》のない親切《しんせつ》は心《こころ》に染《し》みるから、相手《あいて》がちゃんと覚《おぼ》えていて、自分《じぶん》が困《こま》っているときにそっと助《たす》けてくれるよ、ということ。

日本のことわざ

246

わかりたいと思《おも》われるような人《ひと》になれ。

爆笑問題《ばくしょうもんだい》の太田光《おおたひかり》さんは言葉《ことば》を商売《しょうばい》にしているから、もちろん話《はなし》が上手《じょうず》だよね。でも、話《はなし》が上手《じょうず》だというだけで、人《ひと》はその人《ひと》を好《す》きにはならない。それよりも、その人《ひと》のことに興味《きょうみ》をもち、話《はな》していることを聞《き》きたい、理解《りかい》したいと思《おも》えるかどうかのほうが大事《だいじ》だ。だからこそ、わかりたいと思《おも》われるような人《ひと》になれ、と太田《おおた》さんはいっている。話術《わじゅつ》を磨《みが》く前《まえ》に、まずは内面《ないめん》を磨《みが》こう。

太田 光《ひかり》
（お笑い芸人）

247

誰《だれ》かのために闘《たたか》う人間《にんげん》は強《つよ》い。

東日本大震災《ひがしにほんだいしんさい》直後《ちょくご》、選手会長《せんしゅかいちょう》だった嶋基宏選手《しまもとひろせんしゅ》が行《おこな》ったスピーチの一節《いっせつ》。所属《しょぞく》チームの東北楽天《とうほくらくてん》ゴールデンイーグルスはユニフォームに「がんばろう東北《とうほく》」のワッペンをつけて奮闘《ふんとう》を重《かさ》ね、２０１３年《ねん》には初《はつ》のリーグ優勝《ゆうしょう》を決《き》める。田中将大《たなかまさひろ》投手《とうしゅ》は24連勝《れんしょう》という大記録《だいきろく》を達成《たっせい》。しかし、いつも「自分《じぶん》の連勝《れんしょう》よりもチームの優《ゆう》勝《しょう》」と言《い》い続《つづ》けていた。誰《だれ》かのためだからがんばれる。人間《にんげん》とは、そういうものだ。

嶋 基宏

（プロ野球選手、日本プロ野球選手会第8代会長）

248

淋《さび》しさは愛《あい》するためにある。

友《とも》だちや愛《あい》する家族《かぞく》に囲《かこ》まれていても、人《ひと》はみんな1人《り》で何《なに》も持《も》たずに裸《はだか》で生《う》まれてきて、１人《り》で死《し》んでいく。そして、誰《だれ》でもいちばんかわいいのは自分《じぶん》。でも、孤《こ》独《どく》に耐《た》えたとき、人《ひと》は成長《せいちょう》すると渡辺和子《わたなべかずこ》さんはいっている。さびしいと思《おも》ったとき、人《ひと》は誰《だれ》かを愛《あい》したいと思《おも》う。その人《ひと》のために尽《つ》くしたいと思《おも》うことで、いちばんかわいいのは自分《じぶん》だと思《おも》っていた段階《だんかい》から、大《おお》きく成長《せいちょう》するのだ。

渡辺和子

（キリスト教カトリック修道女）

249

誰《だれ》かがあなたの右《みぎ》の頬《ほお》を打《う》つなら、左《ひだり》の頬《ほお》をも向《む》けなさい。

この聖書《せいしょ》の言葉《ことば》の意味《いみ》は、痛《いた》い思《おも》いを二度《にど》しろということではない。敵対《てきたい》している相手《あいて》や、嫌《きら》いな相手《あいて》に対《たい》するきみの態度《たいど》を変《か》えてみようということだよ。そうすると、相手《あいて》は自分《じぶん》の行為《こうい》を反省《はんせい》したり、違《ちが》う面《めん》を見《み》せたりするかもしれない。相手《あいて》を変《か》えることばかり考《かんが》えずに、まず自分自身《じぶんじしん》を変《か》えることの重要性《じゅうようせい》をいっている。

『新約聖書』
マタイによる福音書

250

恋愛《れんあい》は、人生《じんせい》の花《はな》であります。

こう聞《き》くと、思《おも》いが通《つう》じて相思相愛《そうしそうあい》の真《ま》っただ中《なか》の、幸《しあわ》せなようすを思《おも》い浮《う》かべるよね。ところが、この言葉《ことば》を口《くち》にしたとき、坂口安吾《さかぐちあんご》さんは相手《あいて》とのこじれた関係《かんけい》に悩《なや》んでいた。もちろん、順調《じゅんちょう》にうまくいく恋愛《れんあい》がベストだけれど、失恋《しつれん》だって、片想《かたおも》いだって立派《りっぱ》な恋愛《れんあい》だ。その人《ひと》の姿《すがた》を見《み》たり声《こえ》を聞《き》いたりするだけでうれしくなる。この気持《きも》ちは、人《ひと》として成長《せいちょう》するために必要《ひつよう》なプロセスだ。

坂口安吾
（作家、評論家、随筆家）

251

人生《じんせい》は一人《ひとり》じゃない。二人三脚《ににんさんきゃく》で走《はし》らねばならんこともある。

「助《たす》けて」「手伝《てつだ》って」って言葉《ことば》は、自分《じぶん》がダメ人間《にんげん》みたいで、なかなかいえないよね。真面目《まじめ》ながんばり屋《や》さんほど、その傾向《けいこう》にある。悪《わる》いことじゃないけど、素直《すなお》に人《ひと》に助《たす》けを求《もと》めることも、ときには必要《ひつよう》だ。意固地《いこじ》になっちゃいけない。「漫画《まんが》の神様《かみさま》」といわれた天才《てんさい》でも、こういっているんだから。

手塚治虫

（漫画家、医学博士）

252

自然《しぜん》は人間《にんげん》に一枚《いちまい》の舌《した》と二《ふた》つの耳《みみ》を与《あた》えた。だから人《ひと》は話《はな》すことの二倍《にばい》だけ聞《き》かねばならない。

たいていの人《ひと》は、他人《たにん》の話《はなし》を聞《き》いているときよりも自分《じぶん》の話《はなし》をしているときのほうが楽《たの》しい。自分《じぶん》が知《し》りたいこと、教《おし》えてほしいことは、どんどん相手《あいて》に聞《き》いて、話《はな》してもらおう。知《し》ったかぶりをしたり、自分《じぶん》の浅《あさ》い知識《ちしき》を披露《ひろう》したりしても、それはきみを大《おお》きく見《み》せるどころか、貴重《きちょう》な学《まな》びの場《ば》を奪《うば》うことにしかならない。

ゼノン

（古代ギリシャの哲学者）

253

自分《じぶん》ならどう思《おも》うかを考《かんが》える。

ビートたけしさんが「アガワさんと話《はな》すと、ついしゃべりすぎちゃう」という、阿《あ》川佐和子《がわさわこ》さん。ガンコオヤジから小学生《しょうがくせい》まで、ついつい本音《ほんね》を語《かた》ってしまうという、阿川《あがわ》さんのコミュニケーション術《じゅつ》のひとつがこれだ。人《ひと》と話《はな》すときに、「私《わたし》なら、どう思《おも》うだろう？」と、いつも相手《あいて》の立場《たちば》でものを考《かんが》える。すると、やさしい気持《きも》ちに引《ひ》き寄《よ》せられて、みんな思《おも》わず本音《ほんね》をしゃべっちゃうんだね。

阿川佐和子

（エッセイスト、作家、タレント）

254

愛語《あいご》よく廻天《かいてん》の力《ちから》あることを学《がく》すべきなり

禅僧《ぜんそう》、道元《どうげん》の言葉《ことば》。「愛語《あいご》」とは温《あたた》かい言葉《ことば》のことで、「人《ひと》をほめたり、感謝《かんしゃ》したり、励《はげ》ますような温《あたた》かい言葉《ことば》は、世《よ》の中《なか》や人生《じんせい》を変《か》える力《ちから》をもっている」という意《い》味《み》。温《あたた》かい言葉《ことば》をかけることができる人《ひと》は、周囲《しゅうい》の人《ひと》や自分自身《じぶんじしん》の人生《じんせい》をよい方《ほう》向《こう》に変《か》えることができる。ということは、冷《つめ》たい言葉《ことば》を使《つか》うと、どうなるのだろうか。きみがよく使《つか》っている言葉《ことば》はどうだろう？　言葉《ことば》はよく考《かんが》えてから使《つか》おう。

道元

（禅僧）

255

柔軟《じゅうなん》な心《こころ》、やわらかい心《こころ》とは、誰《だれ》とでもすぐ仲《なか》よくなれ、どんな状態《じょうたい》でも楽《たの》しめる心《こころ》のことだ。

日本《にほん》におけるヨガの草分《くさわ》け的指導者《てきしどうしゃ》の沖正弘《おきまさひろ》さんの修道場《しゅうどうじょう》には、沖正弘《おきまさひろ》さんを慕《した》って、世界各国《せかいかっこく》から人《ひと》が集《あつ》まっていた。柔軟《じゅうなん》であるということは、どんなことでも受《う》け入《い》れて、過剰《かじょう》に反応《はんのう》せずに対応《たいおう》できること。逃《に》げないで、いろいろな経《けい》験《けん》を積《つ》み重《かさ》ねることで、心《こころ》は強《つよ》くなる。そして柔軟《じゅうなん》になるんだ。

沖 正弘

（ヨガ指導者、思想家）

256

与《あた》えることは最高《さいこう》の喜《よろこ》びだ。他人《たにん》に喜《よろこ》びを運《はこ》ぶ人《ひと》は、自分自身《じぶんじしん》の喜《よろこ》びと満足《まんぞく》を得《え》る。

数々《かずかず》のディズニー・アニメを製作《せいさく》し、ディズニーランドの生《う》みの親《おや》でもあるウォルト・ディズニー。人々《ひとびと》に夢《ゆめ》や楽《たの》しさ、幸《しあわ》せを与《あた》え続《つづ》けた人《ひと》だ。人間《にんげん》にとって、人《ひと》に何《なに》かを与《あた》えることは最高《さいこう》の喜《よろこ》びだ。相手《あいて》が喜《よろこ》ぶことは何《なに》かを考《かんが》え、さりげない形《かたち》で届《とど》けよう。人《ひと》が喜《よろこ》ぶ顔《かお》を見《み》て幸《しあわ》せな気分《きぶん》になれたら、きっといい人生《じんせい》を送《おく》れる。

ウォルト・ディズニー

（アニメプロデューサー）

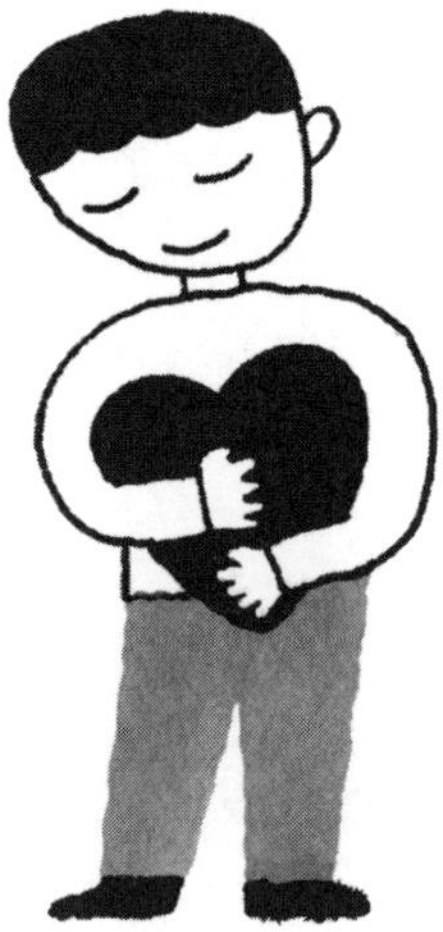

第6章

夢や好きなことを見つけられる言葉

257

何《なに》かを学《まな》ぶためには、自分《じぶん》で体験《たいけん》する以上《いじょう》にいい方法《ほうほう》はない。

たとえば問題《もんだい》の解《と》き方《かた》を、順《じゅん》を追《お》ってていねいに説明《せつめい》してもらっても、実際《じっさい》に自分《じぶん》で解《と》いてみないとコツはつかめないものだ。スポーツなどは、なおさらそうだね。

どんなことでも、何《なに》かを学《まな》びたいと思《おも》ったら、誰《だれ》かが書《か》いた情報《じょうほう》をそのまま鵜呑《うの》みにするのではなく、自分《じぶん》の体《からだ》を動《うご》かして感《かん》じ取《と》る方法《ほうほう》を考《かんが》えてみよう。

アルベルト・アインシュタイン

（理論物理学者）

258

自分《じぶん》のことでないと夢《ゆめ》にしたらあかん。

百人一首《ひゃくにんいっしゅ》をテーマにした漫画《まんが》『ちはやふる』で、「お姉《ねえ》ちゃんがミスコンテストに出《で》て日本一《にほんいち》になるのが夢《ゆめ》」という主人公《しゅじんこう》の千早《ちはや》に、幼《おさな》なじみの新《あらた》がかける言葉《ことば》。夢《ゆめ》というのは「自分《じぶん》はどうなりたいか」「自分《じぶん》は何《なに》をしたいか」という自分《じぶん》の気持《きも》ちの上《うえ》に見《み》るべきもの。他人《たにん》の人生《じんせい》にのっかるのではなく、自分《じぶん》のこととして、どうしてもやりたいこと、なりたい夢《ゆめ》を見《み》つけよう。

末次由紀《すえつぐゆき》

（漫画家）

259

仕事《しごと》をもっていて、そのやり方《かた》を心得《こころえ》ているということは、この世《よ》でいちばんいいことのひとつだ。

「やり方《かた》を心得《こころえ》ている」というのは、うまくやれて、成果《せいか》を上《あ》げられて、人《ひと》にも評《ひょう》価《か》されるということだ。それは、この世《よ》でいちばんいいことのひとつ！ きみも少《すこ》しずつでいいから、将来《しょうらい》どんな仕事《しごと》に就《つ》こうかと真剣《しんけん》に考《かんが》える時間《じかん》をもとう。自《じ》分《ぶん》にぴったりな、喜《よろこ》びを感《かん》じられる仕事《しごと》を見《み》つけたら、充実《じゅうじつ》した人生《じんせい》を送《おく》れるよ。

アーサー・ランサム

（児童文学作家）

260

時計《とけい》を見《み》るな。これは若《わか》い人《ひと》に覚《おぼ》えてもらいたいことだ。

若《わか》いうちは、時間《じかん》を忘《わす》れるくらいに何《なに》かにのめりこみ、集中《しゅうちゅう》することが大事《だいじ》だ。好《す》きなことに熱中《ねっちゅう》するのって、最高《さいこう》にワクワクすることだよね。時間《じかん》を忘《わす》れて本《ほん》を読《よ》みふけったり、数式《すうしき》を解《と》いたり、夢中《むちゅう》になって遊《あそ》んだり。そうして過《す》ごした時間《じかん》が、貴重《きちょう》な財産《ざいさん》になる。次《つぎ》の予定《よてい》のことなんか忘《わす》れて没頭《ぼっとう》しよう！

トーマス・エジソン

（発明家、起業家）

261

才能《さいのう》とは自分自身《じぶんじしん》を、自分《じぶん》の力《ちから》を信《しん》じることである。

べつに、きみに本当《ほんとう》に力《ちから》があるかどうかは問題《もんだい》ではない。これまで努力《どりょく》をしてきたかどうかも、あまり関係《かんけい》ない。ただ純粋《じゅんすい》に、自分《じぶん》の底力《そこぢから》を信《しん》じることができるかどうかが重要《じゅうよう》なのだ。自分《じぶん》の力《ちから》を信《しん》じることができれば、目標《もくひょう》に向《む》かって最後《さいご》まで努力《どりょく》をすることができる。おそらく他人《たにん》は「きみにはムリだよ」というだろう。そのとき自分《じぶん》の力《ちから》を信《しん》じることこそが、才能《さいのう》なのだ。

マクシム・ゴーリキー

（小説家、劇作家）

262

にくげなる調度《ちょうど》のなかにも　ひとつよき所《ところ》のまもらるるよ

「どんなに見《み》た目《め》がよくなくても、ひとつは取《と》り柄《え》があるものだ」といっている。

誰《だれ》だって、人《ひと》とは違《ちが》うキラリと光《ひか》るものを必《かなら》ずひとつはもっているんだ。それは勉《べん》強《きょう》やスポーツかもしれないし、歌声《うたごえ》だったり、人柄《ひとがら》だったりするかもしれない。

それはきみにとっての宝《たから》だ。大切《たいせつ》に育《そだ》てていこう。

清少納言《せいしょうなごん》

（作家、随筆家）

263

たいせつなのは、じぶんのしたいことを、じぶんで知《し》ってるってことだよ。

『ムーミン谷《だに》の夏《なつ》まつり』のスナフキンの言葉《ことば》。「しなければいけないこと」は目《め》の前《まえ》にいっぱいあるから、しかたなくやる。でも、「自分《じぶん》はこうしたい」と強《つよ》く思《おも》って行動《こうどう》することは、案外少《あんがいすく》ないかもしれない。自分《じぶん》は、本当《ほんとう》は何《なに》をしたいのか。ときどき立《た》ちどまって考《かんが》えてみよう。そうすれば将来《しょうらい》の夢《ゆめ》も見《み》つかるはずだ。

トーベ・ヤンソン

（児童文学作家）

264

私《わたし》は、本当《ほんとう》に好《す》きな物事《ものごと》しか続《つづ》けられないと確信《かくしん》している。何《なに》が好《す》きなのかを探《さが》しなさい。

「人生《じんせい》に心《こころ》から満足《まんぞく》したいのであれば、すばらしいと心《こころ》から思《おも》える仕事《しごと》に就《つ》くことだ」と、ジョブズさんはいっている。そのためには、自分《じぶん》が好《す》きなことを仕事《しごと》にするしかない。もし、好《す》きなことがまだ見《み》つかっていないなら、見《み》つかるまで探《さが》そう。本当《ほんとう》にやりたいことに出会《であ》ったら「これだ！」と直感的《ちょっかんてき》にわかるものだ。

スティーブ・ジョブズ

（起業家、実業家）

265

自分《じぶん》にできないと考《かんが》えている間《あいだ》は、人間《にんげん》はそのことをやりたくないと心《こころ》に決《き》めているのである。

できるか、できないかは、実際《じっさい》にやってみないとわからない。「絶対《ぜったい》ムリ」と思《おも》うのは、「自分《じぶん》がやりたくないからだよ」とスピノザはいっている。こういうときは、自分《じぶん》が「やりたくない」と思《おも》っている理由《りゆう》を考《かんが》えてみよう。案外《あんがい》くだらない理由《りゆう》かもしれないし、とりあえずやってみると楽《たの》しくて、新《あたら》しい世界《せかい》が開《ひら》けるかも。

バールーフ・デ・スピノザ

（哲学者）

266

僕《ぼく》の体験《たいけん》から言《い》えることは、好《す》きなことで、ぜったいあきないものをひとつ、続《つづ》けてほしいということです。

「ただひとつでも人《ひと》に自慢《じまん》できるものを持《も》っていることが本当《ほんとう》に幸《しあわ》せなのです」と手塚《てづか》さんはいう。「なんでもいいから、ひとつのことを高校《こうこう》2年生《ねんせい》ぐらいまで続《つづ》けていると、それはかならず何《なん》らかの形《かたち》で皆《みな》さんの宝物《たからもの》になるのです」。自分《じぶん》にとって、それは何《なん》だろうと考《かんが》えてみて。見《み》つけたら、とにかく続《つづ》けてみよう。

手塚治虫

（漫画家、医学博士）

267

好《す》きの力《ちから》を信《しん》じる。

『ゲゲゲの鬼太郎《きたろう》』の作者《さくしゃ》、水木《みずき》さんは、「幸福《こうふく》の七《なな》か条《じょう》」というのを唱《とな》えていて、そのなかの第四条《だいよんじょう》がこの言葉《ことば》だ。才能《さいのう》があってもお金持《かねも》ちになるとは限《かぎ》らないし、努力《どりょく》は人《ひと》を裏切《うらぎ》ることもある。しかし、「好《す》きの力《ちから》」は人《ひと》を裏切《うらぎ》らない。好《す》きなことをしていれば、楽《たの》しいし、幸《しあわ》せだ。そして「好《す》き」を極《きわ》めれば、人生《じんせい》は充《じゅう》実《じつ》したものになるし、それはときに、新《あたら》しい世界《せかい》へときみを連《つ》れて行《い》ってくれる。

水木しげる

（漫画家）

268

それは君《きみ》がどこに行《い》きたいかによるね。

不思議《ふしぎ》の国《くに》に迷《まよ》いこんだアリスが、ニヤニヤ笑《わら》うチェシャ猫《ねこ》に「どうか教《おし》えていただけないでしょうか。ここからどちらのほうへ行《い》ったらよろしいでしょう？」と質《しつ》問《もん》したとき、返《かえ》ってきた答《こた》えだ。たとえば、進路《しんろ》や将来《しょうらい》の夢《ゆめ》、就職先《しゅうしょくさき》など、どうしたらいいか、この先《さき》、誰《だれ》かに聞《き》きたくなることもあるだろう。でも、答《こた》えはきみしかもっていない。そして、きみ自身《じしん》が考《かんが》えて出《だ》した答《こた》えは、絶対《ぜったい》に正解《せいかい》なのだ。

ルイス・キャロル

（数学者、作家、詩人）

269

誰《だれ》にもプロの能力《のうりょく》はある。

プロ野球《やきゅう》の4球団《きゅうだん》の監督《かんとく》をつとめ、名将《めいしょう》といわれた野村《のむら》さんは、「プロの条件《じょうけん》なんて何《なに》もない」「高《たか》いレベルをめざそうという、その気《き》さえ持続《じぞく》していればプロになれる」という。自分《じぶん》の才能《さいのう》に気《き》づいて本気《ほんき》で磨《みが》き上《あ》げた人《ひと》は、その道《みち》のプロとして生《い》きていける。誰《だれ》にでも才能《さいのう》はある。自分《じぶん》が好《す》き好《す》きでしょうがないこと、人《ひと》が手《て》こずっているのに、自分《じぶん》は簡単《かんたん》にできちゃうということがあれば、それは才能《さいのう》だ。

野村克也

（元プロ野球監督）

270

常《つね》にゼロ地点《ちてん》に立《た》っていたいし、自分《じぶん》がかなわないと思《おも》える相手《あいて》と勝負《しょうぶ》をしていきたい。

すでに国内《こくない》で華々《はなばな》しい活躍《かつやく》をしていたのに40歳《さい》でニューヨークに移《うつ》った石岡《いしおか》さんは、「剣《けん》の道《みち》と同《おな》じです。私《わたし》の大好《だいす》きな宮本武蔵《みやもとむさし》のように、常《つね》にアウトローでいたいのです」といっていた。きみも今《いま》はゼロ地点《ちてん》に立《た》っている。どんな夢《ゆめ》であっても、かなわないと思《おも》える相手《あいて》に立《た》ち向《む》かおう。思《おも》いきって挑戦《ちょうせん》をしよう。

石岡瑛子《えいこ》

（アートディレクター、デザイナー）

271

これから先《さき》、もしも四百年《よんひゃくねん》ぐらいかからないと全部《ぜんぶ》できないという仕事《しごと》を前《まえ》にして、それでもいま私《わたし》は出発《しゅっぱつ》する。

世界的《せかいてき》な前衛彫刻家《ぜんえいちょうこくか》で画家《がか》の草間《くさま》さんは、年齢《ねんれい》を重《かさ》ねてもなお、ものすごい創作《そうさく》意欲《いよく》を示《しめ》している。芸術《げいじゅつ》に向《む》き合《あ》うのに年齢《ねんれい》なんて関係《かんけい》ないのだ。そういう意味《いみ》では、まだ若《わか》いきみも、ただ今勉強中《いまべんきょうちゅう》などとのんびりしてはいられない。今《いま》もてる力《ちから》をすべて出《だ》し切《き》って、作品《さくひん》を制作《せいさく》しよう。上手下手《じょうずへた》など、あとの話《はなし》。

草間彌生《やよい》

（前衛彫刻家、画家）

272

独創《どくそう》は学問《がくもん》といわず。実業界《じつぎょうかい》その他《た》あらゆる面《めん》で最高《さいこう》の指針《ししん》だ。

鈴木梅太郎《すずきうめたろう》は、明治時代末期《めいじじだいまっき》に「オリザニン（ビタミンＢ１）」を発見《はっけん》したことで有名《ゆうめい》な化学者《かがくしゃ》だ。「独創《どくそう》」とは「マネではなく、自分独自《じぶんどくじ》の新《あたら》しい考《かんが》え・思《おも》いつきで、物事《ものごと》を作《つく》り出《だ》すこと」。きみも、自分《じぶん》の身《み》の回《まわ》りにある物事《ものごと》をじっくりと観察《かんさつ》し、そこから自分《じぶん》なりの考《かんが》えを引《ひ》き出《だ》す練習《れんしゅう》をしてみよう。

鈴木梅太郎

（農芸化学者）

273

自分《じぶん》のすることを愛《あい》せ。子《こ》どものころ、映写室《えいしゃしつ》を愛《あい》したように。

映画《えいが》『ニュー・シネマ・パラダイス』のなかで、故郷《こきょう》の村《むら》を出《で》ていくトトに、映《えい》写技師《しゃぎし》アルフレードが伝《つた》えた言葉《ことば》。「人生《じんせい》は、おまえが観《み》た映画《えいが》とは違《ちが》う。人生《じんせい》はもっと困難《こんなん》なものだ」ともいっているが、困難《こんなん》に見舞《みま》われたときこそ、この言葉《ことば》を思《おも》い出《だ》そう。自分《じぶん》が愛《あい》している物事《ものごと》のまわりで、夢《ゆめ》は培《つちか》われていくのだから。

ジュゼッペ・トルナトーレ

（映画監督、脚本家）

274

人《ひと》賢《けん》愚《ぐ》ありと雖《いえど》も、各々《おのおの》一《いち》、二《に》の才能《さいのう》なきはなし。

「賢《かしこ》かったり、愚《おろ》かしかったりの違《ちが》いは、少《すこ》しはあるかも知《し》れないけれど、誰《だれ》にでも、才能《さいのう》のひとつやふたつはあるものだ」という意味《いみ》。松陰先生《しょういんせんせい》は捕《と》らえられて獄中《ごくちゅう》にある間《あいだ》も、囚人《しゅうじん》たちに講義《こうぎ》をした。そのときに「得意《とくい》なことを話《はな》しなさい」と、話《はなし》をさせたそうだ。誰《だれ》にでも得意不得意《とくいふとくい》はあるし、優《すぐ》れたところもある。自分《じぶん》が得意《とくい》なこと、優《すぐ》れているところを知《し》っていて、人《ひと》にも伝《つた》えられるといい。

吉田松陰

（長州藩士、思想家）

275

「できっこない」という心《こころ》のフタさえ外《はず》してしまえば、「やりたいこと」なんて湯水《ゆみず》のようにあふれ出《で》てくる。

やりたいことが見《み》つからない原因《げんいん》の多《おお》くは、興味《きょうみ》があっても「できっこない」と思《おも》うからだ。だから、まずは「できっこない」という思《おも》い込《こ》みを消《け》そう。そしてムリヤリにでも、「できる」という前提《ぜんてい》に立《た》ってみる。「できる理由《りゆう》」を考《かんが》える。すると、やりたいことが見《み》えてくるよ。「できない理由《りゆう》」を最初《さいしょ》に考《かんが》えてはいけない。

堀江貴文
（実業家、著作家、投資家）

276

海賊《かいぞく》が夢《ゆめ》を見《み》る時代《じだい》が終《お》わるって……!? えェ!? オイ!! 人《ひと》の夢《ゆめ》は終《お》わらねェ!!

漫画《まんが》『ONE《ワン》 PIECE《ピース》』で空島《そらじま》をめざすルフィたちを援護《えんご》するように、黒《くろ》ひげがいった言葉《ことば》。夢《ゆめ》は不確《ふたし》かなもの。必《かなら》ず到達《とうたつ》できるとは限《かぎ》らない。だからといって、見《み》るのをやめるわけにはいかない。人類《じんるい》は夢《ゆめ》を見《み》ることで、進歩《しんぽ》してきたんだ。夢《ゆめ》があるから、ワクワクしながら生《い》きていける。「人《ひと》の夢《ゆめ》は終《お》わらねェ!!」

尾田栄一郎
（漫画家）

277

心《こころ》の中《なか》で明確《めいかく》に思《おも》い浮《う》かべることは、すべて現実《げんじつ》のものとなる。

「何《なに》を、どうしたいか」という目標《もくひょう》さえはっきりしていれば、その目標《もくひょう》は必《かなら》ず達成《たっせい》できるという意味《いみ》。ヒルさんは、「成功《せいこう》は成功《せいこう》を確信《かくしん》する人《ひと》のもとに訪《おとず》れる。少《すこ》しでも失敗《しっぱい》を意識《いしき》すれば失敗《しっぱい》する」ともいっている。ゴールをはっきりと思《おも》い浮《う》かべられたら、あとはそこにたどり着《つ》くまでの道筋《みちすじ》を考《かんが》えるだけだ。

ナポレオン・ヒル

（自己啓発書作家）

278

疲《つか》れたら休《やす》めばいい。やめる必要《ひつよう》はない。

バンクシーは世界各地《せかいかくち》のストリート、壁《かべ》などに作品《さくひん》を残《のこ》すイギリス出身《しゅっしん》の正体不明《しょうたいふめい》のアーティスト。この言葉《ことば》は『小鳥《ことり》と少女《しょうじょ》』と呼《よ》ばれるグラフィティー作品《さくひん》にきざまれたメッセージだ。夢《ゆめ》を追《お》いかけるのに疲《つか》れたのなら、ちょっと休《やす》めばいい。気分《きぶん》を切《き》り替《か》え、またやりたくなったら再開《さいかい》すればいい。何《なに》もやめてしまうことはないんだよ、といっている。自分《じぶん》を追《お》い込《こ》まないで、ラクな気持《きも》ちで取《と》り組《く》もう。

バンクシー

（現代美術家）

279

人間《にんげん》が想像《そうぞう》できることは、人間《にんげん》が必《かなら》ず実現《じつげん》できる。

『海底二万里《かいていにまんり》』や『月世界《げっせかい》へ行《い》く』などの空想科学小説《くうそうかがくしょうせつ》で有名《ゆうめい》なジュール・ヴェルヌの言葉《ことば》。アポロ宇宙船《うちゅうせん》の月面着陸《げつめんちゃくりく》や無重力《むじゅうりょく》体験《たいけん》など、ヴェルヌが100年前《ねんまえ》の小説《しょうせつ》の中《なか》に描《えが》いたことが本当《ほんとう》になったから、この言葉《ことば》にはすごく現実味《げんじつみ》がある。

想像《そうぞう》することが必《かなら》ず実現《じつげん》できるなら、こんな素敵《すてき》なことはない。思《おも》いっきり想《そう》像《ぞう》して、それを現実《げんじつ》にできるよう挑戦《ちょうせん》してみよう！

ジュール・ヴェルヌ

（小説家）

280

ふりむくな　ふりむくな　うしろには夢《ゆめ》がない

『さらばハイセイコー』という詩《し》のなかの言葉《ことば》。どんなに楽《たの》しいことでも、やがては終《お》わってしまう。たとえば、小学校《しょうがっこう》のクラスがすごく楽《たの》しかったとしても、卒《そつ》業《ぎょう》しないわけにはいかない。あの頃《ころ》に戻《もど》りたくなるけれど、寺山《てらやま》さんは「ふりむくな」といっている。過去《かこ》の出来事《できごと》はよい思《おも》い出《で》であって、夢《ゆめ》じゃない。夢《ゆめ》というのは、きみのずっと前方《ぜんぽう》にあるもの。だから前《まえ》を見《み》て、夢《ゆめ》を追《お》いかけよう。

寺山修《しゅう》司《じ》

（歌人、劇作家）

281

どんな鳥《とり》だって想像力《そうぞうりょく》より高《たか》く飛《と》ぶことはできないだろう

鳥《とり》が羽《は》ばたいて飛《と》び立《た》つのを見《み》ると「うらやましい」と思《おも》う。人類《じんるい》はその思《おも》いを募《つの》らせて飛行機《ひこうき》を発明《はつめい》した。想像力《そうぞうりょく》を羽《は》ばたかせ、空《そら》を飛《と》ぶのはどんな気分《きぶん》だろうと考《かんが》えたんだ。そしてやがて、大気圏《たいきけん》を飛《と》び出《だ》して宇宙《うちゅう》を旅《たび》するようになる。きみの想像力《そうぞうりょく》に限《かぎ》りはない。自分《じぶん》の小《ちい》さな世界《せかい》にとらわれず、想像《そうぞう》してみよう。

寺山修司
（歌人、劇作家）

282

はじめは全体《ぜんたい》の半分《はんぶん》。

「頭《あたま》のなかにある計画《けいかく》やアイデアは、実際《じっさい》に仕事《しごと》や作品《さくひん》として着手《ちゃくしゅ》すれば、半分《はんぶん》は完成《かんせい》したのと同《おな》じ」という教《おし》え。はじめの一歩《いっぽ》は、いかに画期的《かっきてき》なものかということだね。きみも夢《ゆめ》ややりたいことを、イメージで終《お》わらせないために、一歩《いっぽ》を踏《ふ》み出《だ》してみよう。ちゃんと考《かんが》えて、作戦《さくせん》を練《ね》って、準備《じゅんび》もして、行動《こうどう》を起《お》こすんだ。始《はじ》めたら、もう全体《ぜんたい》の半分《はんぶん》は進《すす》んだということ。ゴールはすでに見《み》えている。

ギリシャのことわざ

283

やりたいことを見《み》つけるための方法《ほうほう》はひとつだけや。それは『体感《たいかん》』することや。

『夢《ゆめ》をかなえるゾウ』のなかでガネーシャ（インドの神様《かみさま》）が教《おし》える言葉《ことば》。実際《じっさい》にやってみて全身《ぜんしん》で感《かん》じてみないと、やりたいことなんて見《み》つからないと、ガネーシャはいう。「やりたいこと」というのは理屈《りくつ》じゃないから、頭《あたま》で考《かんが》えてもしかたがない。おもしろそうだと思《おも》ったら、とにかくやってみよう。

水野敬也
（作家）

284

大学生《だいがくせい》のときに、世界《せかい》を変《か》えることに携《たずさ》わりたいと思《おも》っていた。そして、今《いま》も。

スペースX、テスラの共同創業者兼《きょうどうそうぎょうしゃけん》CEO、ソーラーシティの会長《かいちょう》などを務《つと》める起業家《きぎょうか》、イーロン・マスク。「大学生《だいがくせい》のとき、将来人類《しょうらいじんるい》にとって、もっとも重要《じゅうよう》になるものは何《なに》か考《かんが》えた」。その答《こた》えが「インターネット、持続可能《じぞくかのう》エネルギー、複数《ふくすう》の惑星《わくせい》での生活《せいかつ》」だったそうだ。そんな壮大《そうだい》な夢《ゆめ》をもてたらすごいね。

イーロン・マスク
（起業家、エンジニア）

285

イノベーションは小《ちい》さなグループから起《お》こる。

イノベーションとは、技術《ぎじゅつ》を革新《かくしん》したり、今《いま》までにある技術《ぎじゅつ》を組《く》み合《あ》わせたりすることで、人々《ひとびと》を助《たす》け、暮《く》らしをよくし、社会《しゃかい》をよりよいものにする変革《へんかく》のこと。大学《だいがく》で知《し》り合《あ》ったラリー・ペイジとセルゲイ・ブリンの2人《り》が、グーグルの検索《けんさく》システムを発明《はつめい》して成功《せいこう》したように、それは、小《ちい》さなグループから起《お》こる。優《すぐ》れたアイデアがあれば、きみにもイノベーションを起《お》こすチャンスがある。

ラリー・ペイジ

（起業家、グーグルの
共同創業者）

286

好《す》きな道《みち》に坂《さか》はない。

平坦《へいたん》な道《みち》は歩《ある》きやすいけれど、坂道《さかみち》は疲《つか》れるね。ところが、本人《ほんにん》が好《す》きで選《えら》んだ道《みち》には、そういう坂《さか》はないといっている。好《す》きなことをしていると、楽《たの》しくて楽《たの》しくて、しかたがない。たとえうまくいかなかったり、大変《たいへん》な苦労《くろう》があったりしても、夢中《むちゅう》になって取《と》り組《く》める。さらに、仕上《しあ》げた結果《けっか》が満足《まんぞく》のいくものなら、それは蜜《みつ》の味《あじ》だ。好《す》きな道《みち》だと、坂《さか》を坂《さか》だと感《かん》じなくなるんだ。

バスク地方
（スペイン～フランス）
のことわざ

287

今日《きょう》よりも、もっといいものを。もっともっとシンプルに。

世界中《せかいじゅう》の子《こ》どもたちから愛《あい》されている絵本《えほん》は、何度《なんど》も描《えが》き直《なお》したり、何日《なんにち》もかけて無駄《むだ》なものをぎりぎりまで削《そ》ぎ落《お》としたりして、ようやくできあがったものなんだ。シンプルで明快《めいかい》な線《せん》で描《えが》かれた作品《さくひん》は、美《うつく》しく力強《ちからづよ》い。ミッフィーの作者《さくしゃ》は、89歳《さい》で亡《な》くなるまで「もっといいものを」と描《えが》き続《つづ》けた。見習《みなら》いたいね。

ディック・ブルーナ
（グラフィックデザイナー、絵本作家）

288

私《わたし》たちは、アイスドリームメーカーです。

アイスの「ガリガリ君《くん》」を作《つく》っている赤城《あかぎ》乳業《にゅうぎょう》という会社《かいしゃ》の社長《しゃちょう》のメッセージ。「クリーム」が「ドリーム」に変《か》わっただけで、ワクワクするね。この会社《かいしゃ》は規《き》模《ぼ》は小《ちい》さくても強《つよ》い会社《かいしゃ》、「強小《きょうしょう》カンパニー」をめざして、他《ほか》の会社《かいしゃ》の真似《まね》をしたり、業界《ぎょうかい》の慣習《かんしゅう》にしばられたりせずに、新《あたら》しいことに挑戦《ちょうせん》してきたんだ。会社《かいしゃ》は利益《りえき》も大事《だいじ》だけど、こういう夢《ゆめ》がないと、働《はたら》いていてもつまらないよね。

井上創太
（赤城乳業代表取締役社長）

289

いつからか、花火《はなび》を見《み》るよりも、花火《はなび》になることを選《えら》んだ。

ロックバンド「クリープハイプ」のボーカル尾崎世界観《おざきせかいかん》さんは売《う》れるまで苦労《くろう》した人《ひと》。メンバーは次々《つぎつぎ》にやめてしまって、みんなは趣味《しゅみ》として音楽《おんがく》を楽《たの》しむ側《がわ》に回《まわ》った。でも、彼《かれ》は最後《さいご》まで音楽《おんがく》を届《とど》ける側《がわ》でいようとした。一日《いちにち》でも長《なが》く続《つづ》けた人《ひと》が勝《か》ちだと彼《かれ》はいっている。夢《ゆめ》は、かなうまであきらめないから、かなうんだ。

尾崎世界観

（ミュージシャン）

290

今《いま》、あなたの上《うえ》に現《あらわ》れている能力《のうりょく》は、氷山《ひょうざん》の一角《いっかく》真《しん》の能力《のうりょく》は、水中深《すいちゅうふか》く深《ふか》く隠《かく》されている

98歳《さい》で亡《な》くなるまでパワフルに多才《たさい》に活躍《かつやく》した宇野千代《うのちよ》さん。たくさんの小説《しょうせつ》やエッセイを書《か》いて、着物《きもの》のデザインもして、編集者《へんしゅうしゃ》や実業家《じつぎょうか》の一面《いちめん》もあって、恋《れん》愛《あい》もたくさん経験《けいけん》。家《いえ》もたくさん建《た》てた。宇野《うの》さんらしい教《おし》えだね。人《ひと》の能力《のうりょく》というものは掘《ほ》り尽《つ》くせないほど、限《かぎ》りなくある。きみだけの永遠《えいえん》の宝《たから》だよ。

宇野千代

（作家）

291

人生《じんせい》を楽《たの》しむコツは、どれだけバカなことを考《かんが》えられるかなんだ。

漫画家《まんがか》モンキー・パンチさん原作《げんさく》の劇場版映画《げきじょうばんえいが》で、ルパン三世《さんせい》がいった言葉《ことば》。人《じん》生《せい》にマジメに取《と》り組《く》む姿《すがた》は尊《とうと》いけれど、ときにはバカなことを考《かんが》えて楽《たの》しまなくては、おもしろくない。「それ、何《なに》か意味《いみ》があるの？」といわれるようなことでも、自分《じぶん》が心底《しんそこ》おもしろければいい。笑《わら》われてもいいからバカなことを考《かんが》えてみよう。

柏原寛司、伊藤俊也
（映画監督、脚本家）

292

私《わたし》はいてもたってもいられない。絵《え》に描《えが》かなければ。たとえ酷《ひど》い出来《でき》であったとしても……。

ピーターラビットの絵本《えほん》で有名《ゆうめい》なビアトリクス・ポターは、子《こ》どものころから絵《え》が好《す》きで、正確《せいかく》な植物観察《しょくぶつかんさつ》に熱中《ねっちゅう》し、特《とく》にキノコのデッサンなどは賞賛《しょうさん》されたそうだ。ここにあげた言葉《ことば》のように、こみ上《あ》げる情熱《じょうねつ》に突《つ》き動《うご》かされて取《と》り組《く》んだことは、将来《しょうらい》の仕事《しごと》に結《むす》びつくことも多《おお》い。好《す》きなことは大事《だいじ》にしようね。

ビアトリクス・ポター
（絵本作家）

293

丸《まる》うならねば思《おも》う事《こと》は遂《と》げられまじ。

17歳《さい》で家族《かぞく》を背負《せお》い、苦労《くろう》を重《かさ》ねた樋口一葉《ひぐちいちよう》。男女平等《だんじょびょうどう》にはほど遠《とお》い明治時代《めいじじだい》に、女性《じょせい》ながらに職業作家《しょくぎょうさっか》をめざした心意気《こころいき》は素敵《すてき》だよね。この言葉《ことば》は「やり遂《と》げたいことがあるなら、自分《じぶん》を押《お》し通《とお》すのではなく、柔軟《じゅうなん》な心《こころ》で臨機応変《りんきおうへん》に進《すす》めたほうがいいよ」という意味《いみ》。厳《きび》しいことをいわれたり、思《おも》い通《どお》りにならなくても、やわらかく、粘《ねば》り強《づよ》く立《た》ち回《まわ》れば、案外何《あんがいなん》とかなるものだよ。

樋口一葉
（小説家）

294

人生《じんせい》はメッセージです、聞《き》きなさい。人生《じんせい》は信念《しんねん》です、受《う》け取《と》りなさい。

この言葉《ことば》には続《つづ》きがある。「人生《じんせい》は贈《おく》り物《もの》です、受《う》け取《と》りなさい。人生《じんせい》は愛《あい》です、想《おも》いなさい。人生《じんせい》は冒険《ぼうけん》です、挑戦《ちょうせん》しなさい」。自分《じぶん》の心《こころ》の声《こえ》に耳《みみ》を傾《かたむ》けて、自分《じぶん》が何《なに》ものかを聞《き》きとり、信念《しんねん》をもって、人《ひと》を愛《あい》し、何《なに》かに挑戦《ちょうせん》する。人生《じんせい》は冒険《ぼうけん》だ！　せっかく生《う》まれてきたからには、大冒険《だいぼうけん》に乗《の》り出《だ》さないと、つまらない。

アフリカ南部の北ソト族のことわざ

第7章

つまずいても
立ち上がれる言葉

295

おちこんだりもしたけれど、私《わたし》はげんきです。

映画《えいが》『魔女《まじょ》の宅急便《たっきゅうびん》』のキャッチコピー。主人公《しゅじんこう》のキキは家《いえ》を出《で》て独《ひと》り立《だ》ちをしようと、見知《みし》らぬ街《まち》で暮《く》らし始《はじ》める。つらい思《おも》いもするけれど、それらを糧《かて》にして成長《せいちょう》していく。きみもこれから、つらいことを経験《けいけん》したりするかもしれないけれど、そのときは力《ちから》をふり絞《しぼ》って乗《の》り越《こ》えるんだ。落《お》ち込《こ》むこともあるだろう。でも、ひとつひとつの問題《もんだい》と真剣《しんけん》に向《む》き合《あ》った経験《けいけん》が、きみを強《つよ》くする。元気《げんき》にする。

糸井重里
（コピーライター）

296

頑張《がんば》れ 炭治郎《たんじろう》 頑張《がんば》れ!! 俺《おれ》は今《いま》までよくやってきた!! 俺《おれ》はできる奴《やつ》だ!!

漫画《まんが》『鬼滅《きめつ》の刃《やいば》』の主人公《しゅじんこう》・炭治郎《たんじろう》が鬼《おに》との激《はげ》しい戦《たたか》いのさなかに、自分《じぶん》を奮《ふる》い立《た》たせ、勇気《ゆうき》をふりしぼるために放《はな》った言葉《ことば》。これまで自分《じぶん》が積《つ》み重《かさ》ねてきた努力《どりょく》は、どんなものよりも強《つよ》く、自分自身《じぶんじしん》を励《はげ》まし、支《ささ》えてくれる。苦《くる》しいときには炭治郎《たんじろう》のように、自分《じぶん》を１００パーセント認《みと》める言葉《ことば》を自分《じぶん》にかけてあげよう。

吾峠呼世晴
（漫画家）

297

一《ひと》つだけ教《おし》えておこう。きみはこれからも何度《なんど》もつまずく。でもそのたびに立《た》ち直《なお》る強《つよ》さももってるんだよ。

大人《おとな》になったのび太《た》が、子《こ》ども時代《じだい》ののび太《た》に伝《つた》える励《はげ》ましの言葉《ことば》。要領《ようりょう》が悪《わる》く、勉強《べんきょう》も運動《うんどう》も苦手《にがて》なのび太《た》は、失敗《しっぱい》ばかりしている。でも、彼《かれ》には大《おお》きな長《ちょう》所《しょ》がある。失敗《しっぱい》してもくじけない、強《つよ》い心《こころ》。そのことに気《き》がついたら、もう無敵《むてき》だ。いくら失敗《しっぱい》してもいい。そのたびに立《た》ち上《あ》がればいいんだ。

藤子・F・不二雄

（漫画家）

298

曲《ま》がり角《かど》をまがったさきになにがあるのかは、わからないの。でも、きっといちばんよいものにちがいないと思《おも》うの。

『赤毛《あかげ》のアン』で、育《そだ》ててくれたおじさんが亡《な》くなり、進路《しんろ》を変更《へんこう》する決意《けつい》をしたときのアンの言葉《ことば》。道《みち》には必《かなら》ず曲《ま》がり角《かど》がある。人生《じんせい》も同《おな》じだ。自分《じぶん》の道《みち》はまっすぐに伸《の》びていたはずなのに、突然《とつぜん》曲《ま》がり角《かど》が現《あらわ》れたりする。そんなときは潔《いさぎよ》く気《き》持《も》ちを切《き》り替《か》えて、曲《ま》がった先《さき》をよいものにしようと心《こころ》に決《き》めるのがいい。

ルーシー・モード・モンゴメリ

（小説家）

299

俺《おれ》の敵《てき》は　だいたい俺《おれ》です

「自分《じぶん》の〝宇宙《うちゅう》へ行《い》きたい〟って夢《ゆめ》を　さんざん邪魔《じゃま》して　足《あし》を引《ひ》っぱり続《つづ》けたのは　結局《けっきょく》　俺《おれ》でした」という、『宇宙兄弟《うちゅうきょうだい》』の南波六太《なんばむった》の言葉《ことば》だ。かなえたい夢《ゆめ》があるのに、「自分《じぶん》にはムリ」「才能《さいのう》ないかも」と自信《じしん》をなくしたり、失敗《しっぱい》するのが怖《こわ》かったり、努力《どりょく》を続《つづ》けるのを怠《おこた》ったり、脇道《わきみち》にそれたり……。そういう後《うし》ろ向《む》きな自分《じぶん》に打《う》ち勝《か》ってこそ、夢《ゆめ》に一歩《いっぽ》ずつ近《ちか》づいていけるんだ。

小山宙哉

（漫画家）

300

いちばんいけないのは自分《じぶん》なんかだめだと思《おも》いこむことだよ。

のび太《た》くんがドラえもんにいった言葉《ことば》。自分《じぶん》の見《み》た目《め》や能力《のうりょく》、その他《た》もろもろのことで「自分《じぶん》なんかだめだ」と落《お》ち込《こ》んでしまうことは、誰《だれ》にでもある。でも、人《にん》間《げん》は誰《だれ》にでも長所《ちょうしょ》と短所《たんしょ》があるのだから、自分《じぶん》のいいところに光《ひかり》を当《あ》てたほうがいい。長所《ちょうしょ》を伸《の》ばすと、短所《たんしょ》は目立《めだ》たなくなるものだ。

藤子・F・不二雄

（漫画家）

301

心配《しんぱい》しても、どうしようもない時《とき》には、心配《しんぱい》してもしょうがない。たのしくやろうじゃないか。

「心配《しんぱい》しても、どうしようもない」というのは、打《う》つべき手《て》は打《う》ったのだから、心配《しんぱい》したり、落《お》ち込《こ》んだりしていても意味《いみ》がないということ。すでに全力《ぜんりょく》を尽《つ》くして結果《けっか》待《ま》ちをしている間《あいだ》は、心配《しんぱい》はどこかにやって、楽《たの》しいことをしたほうがいいね。冒険《ぼうけん》と休暇《きゅうか》の物語《ものがたり》『海《うみ》へ出《で》るつもりじゃなかった』の中《なか》のお父《とう》さんの言葉《ことば》。

アーサー・ランサム

（児童文学作家）

302

これでいいのだ！

漫画《まんが》『天才《てんさい》バカボン』のパパの決《き》めゼリフ。「これでいいのだ！」とすべてを認《みと》めることで、自分《じぶん》のこと、起《お》きてしまった残念《ざんねん》なことも前向《まえむ》きにとらえられる。声《こえ》に出《だ》していってみよう！「自分《じぶん》なんて」とか「あんなことをしなければよかった」とかいう、くよくよした気持《きも》ちが吹《ふ》き飛《と》び、前《まえ》に進《すす》むエネルギーが湧《わ》いてくる。今《いま》のままの自分《じぶん》でいいと納得《なっとく》できたら、気持《きも》ちがラクになって、楽《たの》しくなるね。

赤塚不二夫

（漫画家）

303

あの煙《けむり》の向《む》こう側《がわ》を誰《だれ》か見《み》たのかよ。誰《だれ》も見《み》てないだろ。だったら、まだわかんないじゃないか！

『映画《えいが》 えんとつ町《まち》のプペル』のルビッチの言葉《ことば》。まだ誰《だれ》も成《な》し遂《と》げたことのない夢《ゆめ》や冒険《ぼうけん》に挑戦《ちょうせん》するときは、周《まわ》りからいろいろいわれる。「やめたほうがいい」と止《と》められたり、「ばかげてる」とからかわれたり。しかし、それがじっくり考《かんが》えた上《うえ》での本気《ほんき》の挑戦《ちょうせん》なら、やってみる価値《かち》はある。

西野亮廣《あきひろ》

（絵本作家、お笑い芸人）

304

私《わたし》は災難《さいなん》の起《お》こるたびに、これをよい機会《きかい》に変《か》えようと努力《どりょく》を続《つづ》けてきた。

石油王《せきゆおう》といわれたロックフェラーにも、たびたび困難《こんなん》は訪《おとず》れた。しかし頭《あたま》を抱《かか》えていてもしかたがない。困難《こんなん》に直面《ちょくめん》したら、なぜそうなったのかを冷静《れいせい》に分析《ぶんせき》し、トラブルの原因《げんいん》をひとつずつ改善《かいぜん》していくこと。困難《こんなん》を踏《ふ》み台《だい》ととらえれば、飛躍《ひやく》するチャンスは必《かなら》ずめぐってくる。そう信《しん》じて、前向《まえむ》きに取《と》り組《く》むのだ。

ジョン・ロックフェラー

（実業家）

305

問題《もんだい》に直面《ちょくめん》した時《とき》、足元《あしもと》を見《み》ずに星《ほし》を見上《みあ》げてみよう。

「何事《なにごと》にもベストを尽《つ》くし、どんな状況《じょうきょう》にあっても、けっしてあきらめてはいけない」とホーキング博士《はくし》はいう。博士《はくし》はＡＬＳという難病《なんびょう》で、21歳《さい》から車椅子《くるまいす》の生活《せいかつ》を送《おく》ることになったが、学者《がくしゃ》として大《おお》きな成果《せいか》を上《あ》げた。下《した》を向《む》いて泣《な》いている場合《ばあい》じゃない。ほら、空《そら》を見上《みあ》げよう。はるか上《うえ》を見上《みあ》げれば口角《こうかく》が上《あ》がり、気持《きも》ちがリラックスするだろう。そうしたら、少《すこ》しずつ希望《きぼう》が湧《わ》いてくるものだ。

スティーヴン・ホーキング
（理論物理学者）

306

人生《じんせい》の競争《きょうそう》で肉体《にくたい》がなお立場《たちば》を守《まも》っているのに、魂《たましい》が気絶《きぜつ》するのは魂《たましい》の恥辱《ちじょく》である。

きみは体《からだ》のがんばりに支《ささ》えられて、毎日生活《まいにちせいかつ》できている。だから、たとえば試験前《しけんまえ》に勉強《べんきょう》をがんばるとき、体力《たいりょく》に限界《げんかい》がきて、ついつい寝《ね》てしまっても、体《からだ》に文句《もんく》はいえない。しかし、体《からだ》はまだまだがんばれるのに、きみがあきらめて勉強《べんきょう》を投《な》げ出《だ》したら、それはいつも支《ささ》えてくれている体《からだ》に申《もう》し訳《わけ》なく、恥《は》ずかしいことだ。

マルクス・アウレリウス・アントニヌス
（第16代ローマ皇帝）

307

しんあいなる がまがえるくん。 ぼくは きみが ぼくの しんゆうで ある ことを うれしく おもって います。

アメリカの絵本作家《えほんさっか》、アーノルド・ローベルの絵本《えほん》『ふたりはともだち』のなかの言葉《ことば》。まだ手紙《てがみ》を一度《いちど》ももらったことがない、と悲《かな》しそうにいうガマガエルくんに、親友《しんゆう》のかえるくんが書《か》いた手紙《てがみ》。がまがえるくんは、とても喜《よろこ》んだ。きみにも、こんなメッセージを伝《つた》えられる友《とも》だちがいたら素敵《すてき》だね。

アーノルド・ローベル
（絵本作家）

308

失策《しっさく》のいいわけをすると、その失策《しっさく》を目《め》立《だ》たせる。

失敗《しっぱい》したときにどう振《ふ》る舞《ま》うかで、きみの印象《いんしょう》はまるで違《ちが》ってくる。人《ひと》のせいにしたり、何《なに》かのせいにしたりして、いいわけをしたくなるけれど、それはあまりいい方法《ほうほう》じゃない。こういう場合《ばあい》の正《ただ》しい振《ふ》る舞《ま》い方《かた》は、できるだけ早《はや》く、失敗《しっぱい》した事実《じじつ》を正直《しょうじき》に伝《つた》え、「ごめんなさい」と率直《そっちょく》に謝《あやま》ることだ。ヘタないいわけは、きみの印象《いんしょう》を悪《わる》くするし、失敗《しっぱい》を悪目《わるめ》立《だ》ちさせてしまうよ。

ウィリアム・シェイクスピア
（劇作家、詩人）

309

雲《くも》の向《む》こう側《がわ》は、いつも青空《あおぞら》だ。

飛行機《ひこうき》に乗《の》ったことがあればわかると思《おも》うけれど、曇《くも》っていたり雨《あめ》が降《ふ》っていたりしても、雲《くも》を突《つ》き抜《ぬ》ければ、そこには太陽《たいよう》が輝《かがや》き、青空《あおぞら》が広《ひろ》がっている。人生《じんせい》も同《おな》じだ。曇《くも》りの日《ひ》も、雨《あめ》の日《ひ》もある。元気《げんき》がなかったり悲《かな》しかったり、すごく辛《つら》かったり。でも、雲《くも》の向《む》こう側《がわ》はいつも青空《あおぞら》だ。やまない雨《あめ》はないし、明《あ》けない夜《よる》もない。空《そら》の向《む》こうには希望《きぼう》があり、必《かなら》ずまた、幸《しあわ》せで楽《たの》しい日々《ひび》がやってくる。

ルイーザ・メイ・オルコット
（小説家）

310

笑《わら》われて、笑《わら》われて、つよくなる。

周《まわ》りの人《ひと》になじめなくて、「生《い》きづらさ」を感《かん》じている人《ひと》はいないかな。人《ひと》は自分《じぶん》と違《ちが》う人間《にんげん》を笑《わら》い者《もの》にしたがるものだ。しかし、そもそも人《ひと》はみんな違《ちが》うはずだ。つまり、たいていの人《ひと》が、どこかで一度《いちど》は誰《だれ》かに笑《わら》われて、嫌《いや》な経験《けいけん》をしているということだ。そして、誰《だれ》かに笑《わら》われるたびに、心《こころ》が強《つよ》くなる。そのときは悲《かな》しい思《おも》いをするだろうが、どうってことはない。自分《じぶん》を大切《たいせつ》にして、強《つよ》く生《い》きよう。

太宰 治
（小説家）

311

馬《うま》から落《お》ちたからといって、ずっと地《じ》べたに倒《たお》れている必要《ひつよう》はない。

馬《うま》から落《お》ちても、起《お》き上《あ》がればいい。もしケガをしてしまったら、家《いえ》や病院《びょういん》で治《ち》療《りょう》をしてから起《お》き上《あ》がればいい。人生《じんせい》で何《なに》か大《おお》きな失敗《しっぱい》をして、つまずいてしまった場合《ばあい》も同《おな》じだ。ずっと地《じ》べたに倒《たお》れている必要《ひつよう》はない。まずは立《た》ち上《あ》がって失敗《しっぱい》した原因《げんいん》を考《かんが》え、対策《たいさく》を練《ね》って再《さい》チャレンジだ！

ネイティブ・アメリカンのラコタ族の教え

312

困《こま》れ。困《こま》らなきゃ何《なに》もできない。

失敗《しっぱい》をして困《こま》った状況《じょうきょう》になるのは、何《なに》かにチャレンジしたことの証《あかし》だ。本田《ほんだ》さんは「失敗《しっぱい》のない人《ひと》なんて本当《ほんとう》に気《き》の毒《どく》に思《おも》う」といっている。「困《こま》る」のは大事《だいじ》な経験《けいけん》だ。困《こま》ったときは、なんとかしなくては、と必死《ひっし》になる。必死《ひっし》になるから、妙《みょう》なプライドを捨《す》てて、人《ひと》に教《おし》えてもらったり、助《たす》けてもらったりできる。必死《ひっし》になったときに発揮《はっき》される力《ちから》は、きみの可能性《かのうせい》を爆発《ばくはつ》させてくれる。さあ、困《こま》れ！

本田宗一郎

（実業家、技術者）

313

大《おお》きく行《い》き詰《づま》れば、大《おお》きく道《みち》が開《ひら》ける。

何《なに》かをやっていて、行《い》き詰《づ》まる。それでも続《つづ》けていると、やがてどうしても前《まえ》に進《すす》めない、大《おお》きな行《い》き詰《づ》まりにきてしまうことがある。そこまできたら、あと少《すこ》しだけ、がんばってみよう。すると、一気《いっき》に大《おお》きく道《みち》が開《ひら》けるものだ。「人間《にんげん》というものはね、苦労《くろう》して、鍛錬《たんれん》されて、はじめて人間《にんげん》になるんです」と出光《いでみつ》さんはいっている。人間《にんげん》として成長《せいちょう》するために、苦労《くろう》をして道《みち》を開《ひら》いた経験《けいけん》は欠《か》かせない。

出光佐三《さぞう》

（実業家）

314

毎日《まいにち》が新《あたら》しいことの始《はじ》まり。

英語《えいご》では「Every day is a new beginning.」と書《か》く。「悲《かな》しいことのあとには、必《かなら》ずよいことが待《ま》っている」というポール・スミスさん。つらいことがあったとき、できることなら時間《じかん》をその前《まえ》に戻《もど》したい、と誰《だれ》もが思《おも》うもの。しかし、どうやっても戻《もど》すことはできない。それならば、前《まえ》を向《む》いて歩《ある》いていこう。今日《きょう》は、昨日《きのう》までには想像《そうぞう》もつかなかった、とてもすばらしいことが始《はじ》まる日《ひ》なのだから。

ポール・スミス

（ファッションデザイナー）

315

元気《げんき》を出《だ》しなさい。今日《きょう》の失敗《しっぱい》ではなく、明日《あす》訪《おとず》れるかもしれない成功《せいこう》について考《かんが》えるのです。

失敗《しっぱい》したことをいつまでも気《き》にしない。過去《かこ》の失敗《しっぱい》にこだわるのではなく、「次《つぎ》はうまくいくかもしれない」と気持《きも》ちを切《き》り替《か》えよう。きみの人生《じんせい》は、これからまだまだ続《つづ》く長《なが》い旅《たび》だ。次《つぎ》はどんな手《て》を打《う》つかに気持《きも》ちを集中《しゅうちゅう》させよう。誰《だれ》でも失敗《しっぱい》はする。そのあと、どう行動《こうどう》するかが大事《だいじ》なんだ。

ヘレン・ケラー

（教育家、社会福祉事業家）

316

あきらめないことだ。一度《いちど》あきらめると習慣《しゅうかん》になる。

「もう、やめたい」と思《おも》うときは、きっと苦《くる》しい思《おも》いをしているときだろう。そんなときは、「やめちゃいなよ」と、きみのなかの弱《よわ》い心《こころ》がささやく。「そうすればラクになるよ」と。そこで放棄《ほうき》してしまえば、苦《くる》しみからは解放《かいほう》されるだろう。しかし、「あきらめればラクになれる」というのが習慣化《しゅうかんか》してしまったら、もう人生《じんせい》はおしまいだ。「苦《くる》しいときでも絶対《ぜったい》にあきらめない！」を習慣《しゅうかん》にしよう。

斎藤茂太

（精神科医）

317

「負《ま》けたことがある」というのがいつか大《おお》きな財産《ざいさん》になる

バスケットボール漫画《まんが》『ＳＬＡＭ《スラム》 ＤＵＮＫ《ダンク》』で、インターハイ前年度《ぜんねんど》優勝校《ゆうしょうこう》の監《かん》督《とく》が、主人公《しゅじんこう》が所属《しょぞく》する湘北高校《しょうほくこうこう》バスケ部《ぶ》に負《ま》けたときにいった言葉《ことば》。挫折《ざせつ》を知《し》らないというのは怖《こわ》いもの。死《し》ぬまで順風満帆《じゅんぷうまんぱん》な人生《じんせい》なんて、ありえないからだ。それなら早《はや》いうちに挫折《ざせつ》を経験《けいけん》して、人生《じんせい》の経験値《けいけんち》をアップさせておこう。

井上雄彦
（漫画家）

318

夜《よ》明《あ》け前《まえ》がいちばん暗《くら》い。

悲《かな》しいことがあったり、大《おお》きな失敗《しっぱい》をしてしまったりして、気持《きも》ちが暗《くら》く、つらい時期《じき》は誰《だれ》にでもある。つらいことがあまりにも続《つづ》くと、この先《さき》もずっと、暗《くら》く、つらい人生《じんせい》が続《つづ》くのだと思《おも》ってしまいがちだ。しかし、安心《あんしん》していい。もしも今《いま》、自《じ》分《ぶん》の人生《じんせい》がまっ暗《くら》だと思《おも》っているのなら、夜《よ》明《あ》けはもう近《ちか》い。大《おお》きな幸福《こうふく》が訪《おとず》れる直前《ちょくぜん》は、お先《さき》まっ暗《くら》に思《おも》えるものだ。もうちょっとだけ、辛抱《しんぼう》してみないかい？

イギリスのことわざ

319

10回《かい》新《あたら》しいことを始《はじ》めれば9回《かい》は失敗《しっぱい》する。

ユニクロを軸《じく》に事業《じぎょう》を展開《てんかい》する柳井正《やないただし》さんは、新規事業《しんきじぎょう》を始《はじ》めても、将来性《しょうらいせい》がないと判断《はんだん》すれば、すぐに撤退《てったい》する。事業《じぎょう》はやってみるまでわからないし、「失敗《しっぱい》は糧《かて》だ」という。新《あたら》しい挑戦《ちょうせん》は「一勝九敗《いっしょうきゅうはい》」、覚悟《かくご》してかかれといっている。失敗《しっぱい》を恐《おそ》れてチャレンジしないと、九敗《きゅうはい》しないかわりに、一勝《いっしょう》もしない。実行《じっこう》してみて、マズかったら撤退《てったい》。その繰《く》り返《かえ》しによって、大《おお》きな一勝《いっしょう》をあげられるんだ。

柳井 正

（実業家、ファーストリテイリング代表取締役会長兼社長）

320

原田《はらだ》は何度《なんど》でも復活《ふっかつ》しますよ。

オリンピックのスキージャンプ選手《せんしゅ》だった原田雅彦《はらだまさひこ》さんは、リレハンメル五輪《ごりん》の重要《じゅうよう》な場面《ばめん》でジャンプを失敗《しっぱい》。日本《にほん》が金《きん》メダルを逃《のが》す原因《げんいん》をつくってしまった。その失敗《しっぱい》がトラウマになって、しばらくは成績《せいせき》がふるわなかったけれど、自分本来《じぶんほんらい》のジャンプスタイルに戻《もど》ることで、長野五輪《ながのごりん》では団体《だんたい》で金《きん》メダルを獲得《かくとく》。見事《みごと》に復《ふっ》活《かつ》した。人《ひと》は失敗《しっぱい》しても、何度《なんど》でも復活《ふっかつ》できるんだ。

原田雅彦

（元スキージャンプ選手）

321

鳥《とり》は飛《と》ばねばならぬ　人《ひと》は生《い》きねばならぬ

これは坂村真民《さかむらしんみん》という詩人《しじん》が書《か》いた詩《し》の一部《いちぶ》だ。鳥《とり》は飛《と》ぶために生《う》まれてきた。人《ひと》は生《い》きるために生《う》まれてきた。飛《と》びたくないからと、ふてくされて地面《じめん》にひっくり返《かえ》っている鳥《とり》はいないよね。だから、どんなにつらいことがあっても、人《ひと》は生《い》きなければいけない。一寸先《いっすんさき》は闇《やみ》ではなく光《ひかり》だと、坂村《さかむら》さんはいっている。この世《よ》は、生《い》きていれば必《かなら》ずいいことがあるようにできている。

坂村真民

（詩人）

322

事実《じじつ》を直視《ちょくし》するんだ！　悩《なや》むのをやめなさい！　そして、何《なに》かをしてみることです。

長《なが》きにわたり支持《しじ》されているビジネス書《しょ》の作家《さっか》、カーネギーの言葉《ことば》だ。悩《なや》みは、ただ悩《なや》んでいても何《なに》も始《はじ》まらない。悩《なや》んだときは、悩《なや》みの原因《げんいん》から逃《に》げないで、まず向《む》き合《あ》う。そして、思《おも》いついた解決法《かいけつほう》を片《かた》っ端《ぱし》からやってみるんだ。正《ただ》しい答《こた》えなんて、誰《だれ》にもわからないんだから。動《うご》いているうちに道《みち》が開《ひら》けてくるよ。

デール・カーネギー

（作家、自己啓発トレーニング開発者）

323

「どん底《ぞこ》だ」といえる間《あいだ》は、まだどん底《ぞこ》じゃない。

世界的劇作家《せかいてきげきさっか》の「どん底《ぞこ》」のとらえ方《かた》。「最悪《さいあく》だ」「もう終《お》わりだ」……そういえている間《あいだ》は、実《じつ》はまだ、どん底《ぞこ》じゃない。まだ余裕《よゆう》がある。どん底《ぞこ》にいる人《ひと》は、もう言葉《ことば》も出《で》ないから。「もう最悪《さいあく》！」とか、「もう、おしまいだ！」なんていう言葉《ことば》が口《くち》から出《で》てきたら、まだ十分《じゅうぶん》にばん回《かい》できるチャンスがあるということだし、逆《ぎゃく》に、もっと最悪《さいあく》なことも起《お》こりうるということでもあるから、気《き》を引《ひ》きしめよう。

ウィリアム・シェイクスピア

（劇作家、詩人）

324

人生《じんせい》はクローズアップで見《み》れば悲劇《ひげき》だが、ロングショットで見《み》れば喜劇《きげき》だ。

映画史上《えいがしじょう》もっとも重要《じゅうよう》な人物《じんぶつ》の1人《り》とされる、チャップリンの言葉《ことば》。人生《じんせい》は毎日《まいにち》の積《つ》み重《かさ》ねだ。もしも今日《きょう》、悲《かな》しい出来事《できごと》が起《お》こったとしても、人生全体《じんせいぜんたい》を見渡《みわた》せば、それも何《なに》か、よい出来事《できごと》の布石《ふせき》になっている場合《ばあい》が多《おお》い。本当《ほんとう》の喜《よろこ》びは、長《なが》い目《め》で見《み》なければわからないから、目《め》の前《まえ》の悲劇《ひげき》に落《お》ち込《こ》みすぎるのはやめよう。

チャールズ・スペンサー・チャップリン

（喜劇俳優）

325

過去《かこ》を変《か》えることはできないし、変《か》えようとも思《おも》わない。人生《じんせい》で変《か》えることができるのは、自分《じぶん》と未来《みらい》だけだ。

明治時代《めいじじだい》、海外《かいがい》に飛《と》び出《だ》して細菌学《さいきんがく》の研究者《けんきゅうしゃ》として活躍《かつやく》し、最後《さいご》は西《にし》アフリカで黄熱病《おうねつびょう》にかかって51歳《さい》で亡《な》くなった野口英世《のぐちひでよ》博士《はくし》。「過去《かこ》のことを後悔《こうかい》しても始《はじ》まらない。それよりも、今《いま》の自分《じぶん》を変《か》えることで、未来《みらい》を変《か》えよう」といっている。そう、今《いま》の自分《じぶん》を少《すこ》し変《か》えるだけで、きみの未来《みらい》は大《おお》きく変《か》わるんだ。

野口英世

（医師、細菌学者）

326

きみは努力《どりょく》していない。ただ愚痴《ぐち》を並《なら》べているだけだ。

映画《えいが》『プラダを着《き》た悪魔《あくま》』のなかで、つらい思《おも》いをぶちまける主人公《しゅじんこう》に対《たい》して、アートディレクターのナイジェルがいった言葉《ことば》。がんばっているのに結果《けっか》が出《で》なくて、腹《はら》が立《た》つこともあるだろう。しかし、愚痴《ぐち》を並《なら》べていてもしかたがない。現実《げんじつ》としっかり向《む》き合《あ》い、冷静《れいせい》に考《かんが》え、徹底的《てっていてき》にやるべきことをやり続《つづ》けることだ。もう一度《いちど》挑戦《ちょうせん》してみよう。

アライン・ブロッシュ・マッケンナ

（脚本家）

327

どんな悲《かな》しみや苦《くる》しみも必《かなら》ず歳月《さいげつ》が癒《いや》してくれます。時間《じかん》こそが心《こころ》の傷《きず》の妙薬《みょうやく》なのです。

天台宗《てんだいしゅう》の僧侶《そうりょ》である瀬戸内寂聴《せとうちじゃくちょう》さんによると、京都《きょうと》では、時間《じかん》が心《こころ》を癒《いや》してくれることを「日《ひ》にち薬《ぐすり》」というんだって。どんなつらいことがあっても、半年《はんとし》、1年《ねん》、2年《ねん》……と月日《つきひ》がたつうちに少《すこ》しずつ心《こころ》が癒《いや》され、やがて心《こころ》が痛《いた》まなくなる日《ひ》がくる。今《いま》はつらいだろうけれど、きみのそのつらさは、一生続《いっしょうつづ》くわけではないよ。

瀬戸内寂聴

（小説家、僧侶）

328

あなたが転《ころ》んでしまったことに関心《かんしん》はない。そこから立《た》ち上《あ》がることに関心《かんしん》があるのだ。

失敗《しっぱい》したり挫折《ざせつ》したりというのは、誰《だれ》だって経験《けいけん》することだ。そのとき、第《だい》16代《だい》アメリカ合衆国大統領《がっしゅうこくだいとうりょう》リンカーンさんのように「きみがそこから立《た》ち上《あ》がることに関心《かんしん》がある」といってくれる人《ひと》がそばにいてくれたら、勇気《ゆうき》が出《で》るね。失敗《しっぱい》したことで知恵《ちえ》も学《まな》んだのだから、本気《ほんき》でがんばれば、今度《こんど》は大丈夫《だいじょうぶ》。

エイブラハム・リンカーン

（政治家、弁護士）

329

一番《いちばん》いいと思《おも》えるものを簡単《かんたん》に、単純《たんじゅん》に考《かんが》えることができれば、逆境《ぎゃっきょう》からの突破口《とっぱこう》を見出《みいだ》せる。

逆境《ぎゃっきょう》におちいったとき、どうやってその状況《じょうきょう》から抜《ぬ》け出《だ》すか？　将棋棋士《しょうぎきし》の羽《は》生善治《ぶよしはる》さんは「単純《たんじゅん》に考《かんが》えなさい」といっている。これまでの習慣《しゅうかん》による思《おも》い込《こ》みや、決断《けつだん》を妨《さまた》げている複雑《ふくざつ》な感情《かんじょう》などをキッパリと捨《す》てよう。物事《ものごと》を単純化《たんじゅんか》して考《かんが》えようと努力《どりょく》すれば、その結果《けっか》として、何《なに》をやればいいかが見《み》えてくる。

羽生善治

（将棋棋士）

330

凧《たこ》がいちばん高《たか》く上《あ》がるのは風《かぜ》に向《む》かっているときである。風《かぜ》に流《なが》されているときではない。

イギリスの首相《しゅしょう》、ウィンストン・チャーチルさんは、激《はげ》しい向《む》かい風《かぜ》が吹《ふ》いてあおられるからこそ、凧《たこ》は空高《そらたか》く舞《ま》い上《あ》がるのだ、といっている。人《ひと》も同《おな》じ。今《いま》、つらいことが重《かさ》なり、自分《じぶん》は逆風《ぎゃくふう》のなかにあると思《おも》うなら、大《おお》きく飛躍《ひやく》できるチャンスかもしれない。負《ま》けないで、向《む》かい風《かぜ》に向《む》かっていこう。

ウィンストン・チャーチル

（政治家、軍人、作家）

331

ミスを犯《おか》さない人間《にんげん》には何《なに》もできない。

たとえばカードゲームの神経衰弱《しんけいすいじゃく》は、ミスをするからこそ、正《ただ》しいカードが浮《う》かび上《あ》がってくる。迷路《めいろ》だって、間違《まちが》うことで正《ただ》しい道《みち》を推測《すいそく》できる。ミスを犯《おか》さなければ、自分《じぶん》がどの程度《ていど》のレベルかも確認《かくにん》できないし、学《まな》びもない。ミスを犯《おか》したことを悔《く》やんではいけない。いや、それよりもむしろ、ミスや失敗《しっぱい》を犯《おか》さないことを警戒《けいかい》したほうがいい。それは、まったく前《まえ》に進《すす》んでいない証《あかし》かもしれないよ。

イギリスのことわざ

332

楽観的《らっかんてき》でありなさい。過去《かこ》を悔《く》やむのではなく、未来《みらい》を不安視《ふあんし》するのでもなく、今現在《いまげんざい》だけを見《み》なさい。

「アドラー心理学《しんりがく》」で有名《ゆうめい》なアルフレッド・アドラーさんの言葉《ことば》。「楽観的《らっかんてき》」とは、物事《ものごと》をうまくいくものと考《かんが》えて、心配《しんぱい》しないこと。楽観的《らっかんてき》であるためには、少《すこ》し勇《ゆう》気《き》がいる。過去《かこ》のことを引《ひ》きずったり、これからのことを不安《ふあん》に思《おも》ったりする気持《きも》ちをなくして、今日《きょう》のこと、今《いま》だけを見《み》る。前向《まえむ》きに明《あか》るく生《い》きよう。

アルフレッド・アドラー

（精神科医、心理学者）

第8章

お金についての心得を学べる言葉

333

資産《しさん》は私《わたし》のポケットにお金《かね》を入《い》れてくれる。負債《ふさい》は私《わたし》のポケットからお金《かね》をとっていく。

お金《かね》の知識《ちしき》のなかでも大事《だいじ》なのは、「資産《しさん》」と「負債《ふさい》」について知《し》っておくことだ。たとえば車《くるま》を買《か》っても、ずっとローンのお金《かね》を払《はら》い続《つづ》けるならば、それは資産《しさん》ではなく負債《ふさい》となる。資産《しさん》とは、きみにお金《かね》をもたらしてくれるもの。資産《しさん》と負債《ふさい》の知識《ちしき》をきちんと身《み》につけ、お金《かね》を味方《みかた》につける生《い》き方《かた》の基礎《きそ》を学《まな》ぼう。

ロバート・キヨサキ

（投資家、実業家、作家）

334

お金《かね》はな、お金《かね》よりも大切《たいせつ》なモノを守《まも》るためにあるんだよ。

お金《かね》よりも大切《たいせつ》なモノって、何《なん》だと思《おも》う？『絶体絶命《ぜったいぜつめい》でんぢゃらすじーさん』のでんぢゃらすじーさんは、大切《たいせつ》な順《じゅん》に「家族《かぞく》」「友《とも》だち」「夢《ゆめ》」をあげている。いかにお金《かね》を稼《かせ》ぐか、いかにお金《かね》を貯《た》めるか、といったことに興味《きょうみ》をもつ人《ひと》が多《おお》いけれど、お金《かね》を何《なん》のために使《つか》うかが決《き》まっていないのなら、そのお金《かね》に価値《かち》はない。

曽山一寿《そやまかずとし》

（漫画家）

335

お金《かね》で幸福《こうふく》を買《か》うことはできないが、不幸《ふこう》を避《さ》けることはできる。

お金《かね》がたくさんあっても、幸《しあわ》せとは限《かぎ》らないし、むしろ不幸《ふこう》になる人《ひと》も多《おお》い。幸《しあわ》せになるには、お金以外《かねいがい》の要素《ようそ》のほうが重要《じゅうよう》だからだ。しかし、お金《かね》がなくて困《こま》ることも、いろいろ考《かんが》えられる。住《す》む家《いえ》、食事《しょくじ》、学費《がくひ》など、快適《かいてき》に暮《く》らすためにはある程度《ていど》のお金《かね》は必要《ひつよう》になる。必要十分《ひつようじゅうぶん》なお金《かね》をもつことが大事《だいじ》だということだ。

村上 龍

（作家）

336

お金儲《かねもう》けのことばかり考《かんが》えている連中《れんちゅう》より、仕事《しごと》が大好《だいす》きでしょうがない人間《にんげん》のほうが成功《せいこう》するのだ。

自分《じぶん》の仕事《しごと》がどれほど人《ひと》に喜《よろこ》ばれるか、たくさんの人《ひと》に満足《まんぞく》を与《あた》えられるかで、きみの人生《じんせい》は決《き》まってくる。大事《だいじ》なのは、「お客《きゃく》さんにいくらお金《かね》を払《はら》わせるか」と考《かんが》えるのではなく、「どのくらい喜《よろこ》んでもらえるか」と考《かんが》えること。そう考《かんが》えられるようになるためにはまず、「仕事《しごと》が大好《だいす》き！」というのが大前提《だいぜんてい》になる。

本田 健

（自己啓発書作家）

337

「Win《ウィン》-Win《ウィン》」とは、「自分《じぶん》も勝《か》ち、相手《あいて》も勝《か》つ」という考《かんが》え方《かた》である。

何《なに》かをするときは、関《かか》わった人《ひと》みんなが、利益《りえき》を得《え》られるように工夫《くふう》しよう。たとえば、きみが育《そだ》てた野菜《やさい》を誰《だれ》かに売《う》ったとする。きみはお金《かね》がもらえてうれしいし、買《か》ったほうも、野菜《やさい》が食《た》べられてうれしい。お互《たが》いに得《とく》をする関係《かんけい》だ。でも、その金額《きんがく》が高《たか》すぎる場合《ばあい》はどうかな？　利益《りえき》を独占《どくせん》しないように気《き》をつけよう。

スティーブン・R・コヴィー

（作家、経営コンサルタント）

338

節約《せつやく》なくして誰《だれ》も金持《かねも》ちになれないし、節約《せつやく》する者《もの》で貧《まず》しい者《もの》はいない。

「節約《せつやく》」というのは、ムダづかいをしないこと。何《なに》がムダで何《なに》が必要《ひつよう》なものかは、人《ひと》それぞれの価値観《かちかん》で違《ちが》ってくるけれど、自分《じぶん》で「ムダかな」と思《おも》えるものには、お金《かね》をつかわない。年齢《ねんれい》が上《あ》がれば、入《はい》ってくるお金《かね》も増《ふ》えていくけれど、ぜいたくをしたい誘惑《ゆうわく》に負《ま》けなければ、お金《かね》は貯《た》まるものだ。

サミュエル・ジョンソン

（文学者）

339

金儲《かねもう》けの上手《じょうず》な人《ひと》は、無一文《むいちもん》になったときでも、自分自身《じぶんじしん》という財産《ざいさん》をまだもっている。

「自分自身《じぶんじしん》という財産《ざいさん》」って、何《なん》のことだろう？　ひとつは、技術《ぎじゅつ》や知識《ちしき》だ。それが優《すぐ》れたものであればあるほど、競争相手《きょうそうあいて》が少《すく》なければ少《すく》ないほど、価値《かち》を生《う》み出《だ》せる。もうひとつは、いかに人《ひと》に信用《しんよう》されているか。信用《しんよう》があれば誰《だれ》かが救《すく》いの手《て》を差《さ》し伸《の》べてくれる。自分《じぶん》を磨《みが》き、同時《どうじ》に人《ひと》から信用《しんよう》される行動《こうどう》をしよう。

アラン

（哲学者、評論家）

340

金《かね》は貸《か》すのも借《か》りるのも罷《まか》りならぬ。貸《か》せば、金《かね》と友《とも》、両方《りょうほう》とも失《うしな》い、借《か》りれば倹約《けんやく》の心《こころ》が鈍《にぶ》る。

「お金《かね》を貸《か》したり借《か》りたりするのは絶対《ぜったい》にダメ」とシェイクスピアはいっている。もしお金《かね》を友《とも》だちに貸《か》したら、そのお金《かね》は戻《もど》ってこないかもしれない。すると信頼《しんらい》関係《かんけい》が壊《こわ》れるので、友《とも》だちではいられなくなる。逆《ぎゃく》にお金《かね》を借《か》りると、自分《じぶん》の金銭《きんせん》感覚《かんかく》がおかしくなる。世界《せかい》の偉人《いじん》の忠告《ちゅうこく》だ。ぜひ覚《おぼ》えておこう。

ウィリアム・シェイクスピア

（劇作家、詩人）

341

会社《かいしゃ》は良《よ》い仕事《しごと》をしたから儲《もう》かるのである。儲《もう》けとは答《こた》えであって、儲《もう》け主義《しゅぎ》とは違《ちが》う。

安藤百福《あんどうももふく》さんはインスタントラーメンの生《う》みの親《おや》。終戦後《しゅうせんご》の食糧難《しょくりょうなん》のなかで、「衣食住《いしょくじゅう》というが、食《しょく》がなければ衣《い》も住《じゅう》もあったものではない」という思《おも》いから食品《しょくひん》事業《じぎょう》に乗《の》り出《だ》した。チキンラーメンは爆発的《ばくはつてき》に売《う》れたけれど、それは人《ひと》の役《やく》に立《た》つために仕事《しごと》をした結果《けっか》にすぎないと、百福《ももふく》さんはいっているのだ。

安藤百福

（実業家）

342

金銭《きんせん》は肥料《ひりょう》のようなものであって、ばらまかなければ役《やく》に立《た》たない。

貯《た》め込《こ》んでばかりいて、使《つか》い道《みち》のないお金《かね》に意味《いみ》はない。ただし、「ばらまく」とはいっても、よく考《かんが》えてばらまかなければならない。本《ほん》を買《か》ったり習《なら》い事《ごと》に行《い》ったりして自分《じぶん》を磨《みが》いたり、友人《ゆうじん》が喜《よろこ》ぶものをプレゼントしたり、社会《しゃかい》に貢献《こうけん》している会社《かいしゃ》に投資《とうし》したり。お金《かね》は、ヒトやモノを育《そだ》て、誰《だれ》かを喜《よろこ》ばせるために使《つか》おう。

フランシス・ベーコン

（哲学者）

343

金銭《きんせん》は独立《どくりつ》の基本《きほん》なり、これを卑《いや》しむべからず

日本《にほん》には昔《むかし》から「清貧《せいひん》」といって、「正《ただ》しい生《い》き方《かた》をするには、貧《まず》しく質素《しっそ》であるのがいい」という考《かんが》え方《かた》がある。しかし、独《ひと》り立《だ》ちをして、人《ひと》に頼《たよ》らず自分《じぶん》の力《ちから》で充実《じゅうじつ》した人生《じんせい》を送《おく》るためには、お金《かね》は欠《か》かすことのできない大事《だいじ》なものだ。「これを卑《いや》しむべからず」というのは、「人生《じんせい》を現実的《げんじつてき》にとらえ、お金《かね》という生活《せいかつ》の基礎《きそ》をしっかり確保《かくほ》し、整《ととの》えるように」といっている。

福沢諭吉《ふくざわゆきち》

（啓蒙思想家、教育者）

344

お金《かね》は、信用《しんよう》という複雑《ふくざつ》な存在《そんざい》を、単純《たんじゅん》な数値《すうち》に落《お》とし込《こ》んだツールである。

お金《かね》とは、お互《たが》いにもっているモノや価値《かち》を交換《こうかん》するための道具《どうぐ》。お金《かね》そのものに価値《かち》があるわけじゃない、と堀江《ほりえ》さんはいう。お金《かね》は「信用《しんよう》」のひとつの形《かたち》だ。本《ほん》当《とう》に大事《だいじ》なのは信用《しんよう》で、お金《かね》じゃない。だから、きみが今《いま》貯《た》めるべきなのはお金《かね》ではなく、信用《しんよう》のほうだ。約束《やくそく》を守《まも》る。誠実《せいじつ》に振《ふ》る舞《ま》う。その積《つ》み重《かさ》ねが大事《だいじ》なんだ。

堀江貴文

（実業家、著作家、投資家）

345

ささいな出費《しゅっぴ》を警戒《けいかい》せよ。小《ちい》さな穴《あな》が大《おお》きな船《ふね》を沈《しず》めるであろうから。

「このくらいの値段《ねだん》なら、どうってことはない」と甘《あま》く考《かんが》えていると、あっというまに積《つ》み重《かさ》なり、大《おお》きな出費《しゅっぴ》になっていたりするから注意《ちゅうい》しよう。「こんなつもりじゃなかった」と思《おも》っても遅《おそ》いのだ。たとえ「ささいな出費《しゅっぴ》」のように思《おも》えても、本当《ほんとう》に必要《ひつよう》なものかどうかをちゃんと考《かんが》えて使《つか》おう。

ベンジャミン・フランクリン

（政治家、科学者、実業家）

346

儲《もう》けるためだけに儲《もう》け、貯《た》めるためだけに貯《た》めようとすることが人間《にんげん》を堕落《だらく》させるのである。

「鉄鋼王《てっこうおう》」といわれたカーネギーは、お金《かね》そのものが人間《にんげん》を堕落《だらく》させるのではなく、「使《つか》い道《みち》を考《かんが》えずに、お金儲《かねもう》けやお金《かね》を貯《た》めること自体《じたい》を目的《もくてき》にする考《かんが》え方《かた》」が人間《にんげん》を堕落《だらく》させるのだといっている。もしかしたら、宝《たから》くじに当選《とうせん》するなど、いきなり大金《たいきん》を手《て》に入《い》れてしまうと不幸《ふこう》になる人《ひと》が多《おお》いのは、そのせいかもしれない。

アンドリュー・カーネギー

（実業家、慈善活動家）

347

できるだけ多《おお》くの人《ひと》に、できるだけ多《おお》くの幸福《こうふく》を与《あた》えるように行動《こうどう》するのが、我々《われわれ》の義務《ぎむ》である。

渋沢栄一《しぶさわえいいち》さんは、著書《ちょしょ》『論語《ろんご》と算盤《そろばん》』のなかで「真《しん》の富《とみ》とは道徳《どうとく》に基《もと》づくものでなければけっして永《なが》くは続《つづ》かない」とも述《の》べ、経済《けいざい》と道徳《どうとく》は一致《いっち》したものであるべきだといっている。どんなにお金《かね》が儲《もう》かるとしても、多《おお》くの人《ひと》を幸《しあわ》せにする仕事《しごと》でないと、やってはいけないということだ。

渋沢栄一

（官僚、実業家）

348

金《かね》だけが人生《じんせい》ではない。が、金《かね》がない人生《じんせい》もまた人生《じんせい》とは言《い》えない。

この言葉《ことば》は「十分《じゅうぶん》な金《かね》がなければ、人生《じんせい》の可能性《かのうせい》のうち半分《はんぶん》は締《し》め出《だ》されてしまう」と続《つづ》く。お金《かね》ばかりを追《お》いかける人生《じんせい》はつまらないが、お金《かね》は「可能性《かのうせい》」を与《あた》えてくれる一面《いちめん》があるということだ。大学《だいがく》に行《い》くにも、留学《りゅうがく》するにも、趣味《しゅみ》を続《つづ》けるにもお金《かね》は必要《ひつよう》だ。お金《かね》は人生《じんせい》の選択肢《せんたくし》を増《ふ》やしてくれる。

サマセット・モーム

（小説家）

349

足《た》るを知《し》る者《もの》は富《と》む。

多《おお》くの人《ひと》が、自分《じぶん》が今《いま》いる環境《かんきょう》に満足《まんぞく》できずに、もっと上《うえ》の暮《く》らしをしたいと願《ねが》っている。富《とみ》や地位《ちい》や名声《めいせい》のために、がんばっている人《ひと》もいる。しかし、本当《ほんとう》の豊《ゆた》かさは、今《いま》の自分《じぶん》に満足《まんぞく》するところから生《う》まれる、と老子《ろうし》はいっている。今《いま》の自《じ》分《ぶん》がいかに恵《めぐ》まれているかを自覚《じかく》し、自分《じぶん》を取《と》り巻《ま》く人《ひと》や環境《かんきょう》に感謝《かんしゃ》の気持《きも》ちをもてる人《ひと》は、本当《ほんとう》の幸《しあわ》せを見失《みうしな》うことはないだろう。

老子

（哲学者、道教の始祖）

350

道徳《どうとく》なき経済《けいざい》は犯罪《はんざい》であり、経済《けいざい》なき道徳《どうとく》は寝言《ねごと》である。

二宮尊徳《にのみやそんとく》の考《かんが》えや教《おし》えをわかりやすく訳《やく》したものだ。ビジネスだからといって、儲《もう》かるためには何《なに》をやってもいいというものじゃない。そこには必《かなら》ず、「人《ひと》のため」という道徳《どうとく》の指針《ししん》がないといけない。逆《ぎゃく》に、いくら人《ひと》の役《やく》に立《た》つビジネスを掲《かか》げても、十分《じゅうぶん》な収益《しゅうえき》が上《あ》がらなければ、ビジネスとして成《な》り立《た》たないので意味《いみ》がない。ちゃんとビジネスを成《な》り立《た》たせるのは難《むずか》しいことなんだ。

二宮尊徳

（農政家、思想家）

351

金《かね》で信用《しんよう》を作《つく》ろうと思《おも》うな。信用《しんよう》で金《かね》を作《つく》ろうと考《かんが》えよ。

今《いま》から２５００年《ねん》ほど前《まえ》にギリシャ海軍《かいぐん》をつくった、テミストクレスの言葉《ことば》。お金《かね》よりも何《なに》よりも、もっとも大事《だいじ》なのは「信用《しんよう》」だ、といっている。世《よ》の中《なか》に「信用《しんよう》は無形《むけい》の財産《ざいさん》」という言葉《ことば》もあるくらいだ。たくさんのお金《かね》があれば、たしかに信《しん》用《よう》は得《え》られるけれど、なくなったとたん、信用《しんよう》も失《うしな》う。逆《ぎゃく》に信用《しんよう》さえあれば、資金《しきん》を集《あつ》めこともできる。まずは、信用《しんよう》される人間《にんげん》になることから始《はじ》めよう。

テミストクレス

（政治家、軍人）

352

貧《まず》しくても、生活《せいかつ》を愛《あい》したまえ。

『森《もり》の生活《せいかつ》』は19世紀《せいき》にソローが、ウォールデン湖畔《こはん》の森《もり》のなかに丸太小屋《まるたごや》を建《た》て、２年《ねん》２カ月《げつ》にわたり自給自足《じきゅうじそく》の生活《せいかつ》を送《おく》ったときの記録《きろく》。人《ひと》はたとえ貧《まず》しくても、楽《たの》しく心《こころ》が踊《おど》る、輝《かがや》かしいときをもつことができると、ソローはいっている。どんな境遇《きょうぐう》だろうと、精神的《せいしんてき》に豊《ゆた》かな生活《せいかつ》を送《おく》れるかどうかは自分《じぶん》しだい。ささいなことにも幸《しあわ》せを感《かん》じ、日々《ひび》の生活《せいかつ》を愛《あい》することから始《はじ》めよう。

ヘンリー・デイヴィッド・ソロー

（作家）

353

金《かね》がないから何《なに》もできないという人間《にんげん》は、金《かね》があっても何《なに》もできない人間《にんげん》である。

阪急東宝《はんきゅうとうほう》グループ創業者《そうぎょうしゃ》、小林一三《こばやしいちぞう》の言葉《ことば》。お金《かね》がないからといって何《なに》もできないわけじゃない。お金《かね》がないことをできない理由《りゆう》にあげる人《ひと》は、お金《かね》があっても「時間《じかん》がない」「資格《しかく》がない」など、別《べつ》のできない理由《りゆう》をあげるものだ。できない本《ほん》当《とう》の理由《りゆう》は自分《じぶん》のなかにある。本気《ほんき》の覚悟《かくご》がなければ、何《なに》もできない。

小林一三

（実業家）

354

この世《よ》のどんなにいいものでも、我々《われわれ》がそれを使用《しよう》できる範囲《はんい》でしか、我々《われわれ》にとって価値《かち》はない。

無人島《むじんとう》で暮《く》らした男《おとこ》、ロビンソン・クルーソーが得《え》た教訓《きょうくん》。難破《なんぱ》した船《ふね》からお金《かね》を持《も》ち出《だ》したけれど、無人島《むじんとう》では何《なん》の役《やく》にも立《た》たなかった。ウミガメは何匹《なんびき》でも手《て》に入《はい》るが、自分《じぶん》が食《た》べるには1匹《ぴき》でいい。これは、お金《かね》にもいえることだ。使《つか》い道《みち》がないほどあり余《あま》っている大金《たいきん》には、何《なん》の価値《かち》もない。

ダニエル・デフォー

（作家、ジャーナリスト）

355

お金《かね》持《も》ちであることは、表面的《ひょうめんてき》な特性《とくせい》にすぎません。一生《いっしょう》ずっとお金《かね》持《も》ちではいられないかもしれないし。

小説《しょうせつ》『あしながおじさん』より、孤児院《こじいん》で育《そだ》った主人公《しゅじんこう》ジュディの言葉《ことば》。「あの人《ひと》はお金持《かねも》ちだから」とか「うちは貧乏《びんぼう》だから」などと、お金《かね》のあるなしで、人《ひと》の価《か》値《ち》やキャラクターを決《き》めつけてはいないだろうか。そんなことは、あくまでも人《ひと》の表面的《ひょうめんてき》な部分《ぶぶん》にすぎない。人《ひと》を見《み》るときは、その内面《ないめん》だけを見《み》るようにしよう。

ジーン・ウェブスター
（作家）

356

豊《ゆた》かさは節《せつ》度《ど》のなかにだけある。

ドイツきっての文豪《ぶんごう》、ゲーテの言葉《ことば》。「節度《せつど》」とは、「度《ど》を越《こ》さない適当《てきとう》な程合《ほどあ》い」という意味《いみ》だ。たとえば、いくらお金《かね》がたくさんあるからといって、使《つか》いたい放題《ほうだい》の生活《せいかつ》はけっして豊《ゆた》かではないとゲーテはいっている。お金《かね》を使《つか》うにしろ、食事《しょくじ》をするにしろ、たとえば運動《うんどう》や読書《どくしょ》にしても、自分《じぶん》の役《やく》に立《た》つ、必要《ひつよう》な範囲《はんい》をわきまえたうえでやるから、自分《じぶん》を豊《ゆた》かにしてくれるんだ。

ヨハン・ヴォルフガング・フォン・ゲーテ
（小説家、劇作家、詩人、自然科学者）

357

財布《さいふ》に10枚《まい》のコインを入《い》れたなら、使《つか》うのは9枚《まい》までやめておく。

古代《こだい》バビロンを舞台《ぶたい》にしたお金《かね》についての寓話《ぐうわ》『バビロンの大富豪《だいふごう》』のなかの言《こと》葉。空《から》の財布《さいふ》を太《ふと》らせる知恵《ちえ》だ。どんなときでも、稼《かせ》いだお金《かね》の一部《いちぶ》を使《つか》わずにとっておくこと。そうすれば財布《さいふ》はふくらみ始《はじ》める。「これを単純《たんじゅん》なことだと馬鹿《ばか》にしてはいけません」と著者《ちょしゃ》のクレイソンはいう。

ジョージ・S・クレイソン
（作家）

358

本当《ほんとう》に大事《だいじ》なのはお金《かね》じゃない。それを生《う》み出《だ》せる「知恵《ちえ》」だ。

『バビロンの大富豪《だいふごう》』の主人公《しゅじんこう》バンシルは、バビロンを攻《せ》めて金銀財宝《きんぎんざいほう》を奪《うば》おうとする隣国《りんごく》の兵《へい》に対《たい》して、「金貨《きんか》を得《え》ても、それを生《う》み出《だ》せないなら一文無《いちもんな》しと同《おな》じだ」という。お金《かね》は使《つか》ってしまえば、それで終《お》わり。お金《かね》を生《う》み出《だ》す知恵《ちえ》を学《まな》ばなければ、富《とみ》を蓄《たくわ》えることはできない。

ジョージ・S・クレイソン
（作家）

359

まず食《く》うこと、それから道徳《どうとく》。

ドイツの劇作家《げきさっか》ベルトルト・ブレヒトの有名《ゆうめい》な劇《げき》『三文《さんもん》オペラ』のなかのセリフ。この言葉《ことば》のあとに、「まず貧乏人《びんぼうにん》までが、でっかいパンから手前《てまえ》の分《ぶん》を切《き》りとれること、これが第一《だいいち》」というセリフが続《つづ》く。道徳《どうとく》よりも、生活《せいかつ》を成《な》り立《た》たせることのほうが先《さき》だといっている。自分《じぶん》の生活《せいかつ》もままならないのに、他人《たにん》の気《き》持《も》ちを思《おも》いやったり、社会《しゃかい》のためになる行動《こうどう》をとったりするのは難《むずか》しいものだ。

ベルトルト・ブレヒト
（劇作家、詩人）

360

金銀《きんぎん》を用《もち》いるべき事《こと》に用《もち》いなければ石瓦《いしがわら》と同《おな》じである。

豊臣秀吉《とよとみひでよし》の側近《そっきん》として活躍《かつやく》した武将《ぶしょう》・黒田孝高《くろだよしたか》は、いつも倹約《けんやく》をして、ムダな出《しゅっ》費《ぴ》を嫌《きら》ったそうだ。そして、倹約《けんやく》して貯《た》めたお金《かね》は、貧《まず》しい人《ひと》たちや、困《こま》っている人《ひと》たちを救《すく》うために使《つか》ったという。その場合《ばあい》の出費《しゅっぴ》は惜《お》しみないものだったとか。お金《かね》は、どう使《つか》うかが大事《だいじ》。よい目的《もくてき》のために使《つか》ってこそ、お金《かね》は生《い》きるのだ。逆《ぎゃく》にそうでないと、お金《かね》は石瓦《いしがわら》と同《おな》じぐらいの価値《かち》しかないといっている。

黒田孝高
（戦国武将、別名：黒田如水、
黒田官兵衛）

361

軽《かる》い財布《さいふ》は心《こころ》を重《おも》くする。

「十分《じゅうぶん》なお金《かね》をもっていなければ、心《こころ》は暗《くら》くなる」という意味《いみ》のことわざ。逆《ぎゃく》の言《い》い方《かた》もある。「財布《さいふ》が重《おも》いと心《こころ》は軽《かる》い」。こっちは、お金《かね》に余裕《よゆう》があれば、明《あか》るい気《き》持《も》ちになれるという意味《いみ》。お金《かね》では買《か》えないものもあるし、お金《かね》がすべてというわけではないが、やっぱり財布《さいふ》と心《こころ》の重《おも》さは反比例《はんぴれい》するようだ。財布《さいふ》が重《おも》くて重《おも》くて、困《こま》ってしまう……というふうになりたいものだね（笑）。

ヨーロッパのことわざ

362

人々《ひとびと》からの信用《しんよう》で得《え》たお金《かね》は社会《しゃかい》のために使《つか》うべきだ。

世界的企業《せかいてききぎょう》に成長《せいちょう》したアリババグループの創業者《そうぎょうしゃ》、ジャック・マーの言葉《ことば》。企《き》業《ぎょう》が得《え》た利益《りえき》は「人々《ひとびと》や社会《しゃかい》から与《あた》えられた信用《しんよう》」だと考《かんが》えているそうだ。アリババグループは東日本大震災《ひがしにほんだいしんさい》のときに多額《たがく》の義援金《ぎえんきん》を日本《にほん》に送《おく》った。そのときにマー氏《し》は、「寄付《きふ》したお金《かね》は確実《かくじつ》に小《ちい》さな変化《へんか》につながり、そこから世界《せかい》は変《か》わっていく」と話《はな》している。お金《かね》についての大事《だいじ》な考《かんが》え方《かた》として、覚《おぼ》えておきたい。

ジャック・マー
（実業家、
アリババグループ創業者）

363

金《かね》は賢者《けんじゃ》の僕《しもべ》、愚者《ぐしゃ》の主人《しゅじん》。

お金《かね》との向《む》き合《あ》い方《かた》で、ずいぶん人生《じんせい》が変《か》わってしまうよ、といっている。もしきみがお金《かね》を自分《じぶん》のやりたいこと、大事《だいじ》なことに使《つか》うのなら、お金《かね》はきみの家来《けらい》だ。逆《ぎゃく》に、お金《かね》がほしいために、ちょっといけないことでもやってしまうようだと、お金《かね》がきみの主人《しゅじん》になってしまう。お金《かね》は自分《じぶん》の家来《けらい》と位置《いち》づけ、振《ふ》り回《まわ》されないようにしよう。これが幸《しあわ》せに生《い》きるか、不幸《ふこう》になるかの分《わ》かれ目《め》だったりする。

デンマークのことわざ

364

病気《びょうき》の百万長者《ひゃくまんちょうじゃ》より、健康《けんこう》な貧乏人《びんぼうにん》。

病気《びょうき》のお金持《かねも》ちと、健康《けんこう》な貧乏人《びんぼうにん》。どちらかを選《えら》ぶようにいわれたら、健康《けんこう》なほうがいいね。お金《かね》のために生《い》きるのは、つまらない生《い》き方《かた》だ。それよりも、きみがもっている健康《けんこう》な体《からだ》と、これからいろいろなことに挑戦《ちょうせん》できる未来《みらい》は、何《なに》ものにも代《か》えがたい価値《かち》がある。元気《げんき》に生《い》きているだけで、すばらしいことだ。両親《りょうしん》や、自分《じぶん》を支《ささ》えてくれているすべての人《ひと》やものに「ありがとう」と感謝《かんしゃ》しよう。

ユダヤ人のことわざ

365

幸《しあわ》せとお金《かね》をリンクさせない。

匿名掲示板《とくめいけいじばん》「2ちゃんねる」の元管理人《もとかんりにん》として知《し》られる通称《つうしょう》「ひろゆき」さんがいうには、「お金持《かねも》ちになりたい人《ひと》」のほとんどは「お金《かね》を使《つか》いたい人《ひと》」だという。でも、お金持《かねも》ちになりたいなら、お金《かね》を使《つか》わなければ貯《た》まるわけで、そこは明確《めいかく》に分《わ》けて考《かんが》えなくてはいけないとのこと。「お金《かね》を使《つか》う」＝「幸《しあわ》せ」という考《かんが》え方《かた》から抜《ぬ》け出《だ》そう。お金《かね》を使《つか》わなくても幸《しあわ》せでいられる方法《ほうほう》は、いくらでもある。

西村博之

（「2ちゃんねる」開設者、YouTuber）

366

積極的《せっきょくてき》に他者《たしゃ》と実《みの》りを共有《きょうゆう》することで、全体《ぜんたい》としての富《とみ》を大《おお》きくしていくことをめざす。

大学《だいがく》や会社《かいしゃ》などの研究機関《けんきゅうきかん》と契約《けいやく》を結《むす》んで研究《けんきゅう》に協力《きょうりょく》する、新《あたら》しいタイプの研究者《けんきゅうしゃ》、山口周《やまぐちしゅう》さんは「シェアし、ギブする人《ひと》は最終的《さいしゅうてき》な利得《りとく》が大《おお》きくなる」といっている。富《とみ》を独《ひと》り占《じ》めするようなビジネスのあり方《かた》ではなく、今後《こんご》はお客《きゃく》さんに「与《あた》え、共有《きょうゆう》する」ビジネスが大《おお》きな富《とみ》を作《つく》り出《だ》す、と指摘《してき》しているよ。

山口 周

（独立研究者）

監修者あとがき

ぼくは、日本《にほん》の伝統芸術《でんとうげいじゅつ》のひとつである「能《のう》」を伝《つた》える家《いえ》に生《う》まれました。「高砂《たかさご》や、この浦舟《うらふね》に帆《ほ》を上《あ》げて〜♪」とか、「の〜、この衣《ころも》は此方《こなた》のにて候《そうろう》」などという、何《なに》をいっているのかまったくわからない日本語《にほんご》の歌《うた》を覚《おぼ》えさせられました。正座《せいざ》をして、耳《みみ》で聞《き》いてそれを直《なお》してもらいながら覚《おぼ》えるのです。

それからお習字《しゅうじ》です。幼稚園《ようちえん》に入《はい》る前《まえ》から、和歌《わか》の小筆《こふで》、漢字《かんじ》の大筆《おおふで》などを毎週《まいしゅう》2日《か》（火曜日《かようび》と日曜《にちよう》日《び》）それぞれ5時間《じかん》くらい練習《れんしゅう》させられるのです。

友《とも》だちもたくさんいましたが、ぼくは1人《り》でいるのが大好《だいす》きでした。能《のう》の「謡《うたい》」は黙《だま》っていても頭《なか》のなかで響《ひび》いています。右手《みぎて》に筆《ふで》を取《と》らずとも人差《ひとさ》し指《ゆび》が勝手《かって》に和歌《わか》や漢《かん》詩《し》の言葉《ことば》を書《か》いてくれます。それに、絵《え》を描《か》くことも大好《だいす》きでした！

みんなが、ぼくが描《か》くイラストをすごくおもしろがって、ほしい！　ほしい！　といってくれたからです。今《いま》でも、世界中《せかいじゅう》の人《ひと》が、ぼくの絵《え》をおもしろいって購入《こうにゅう》してくださいます。

さて、「自立《じりつ》」ということについて、お話《はなし》をしましょう。

ぼくは、能《のう》でもお習字《しゅうじ》でも絵《え》でも「経済的自立《けいざいてきじりつ》」をしませんでした。将来《しょうらい》、どういう道《みち》で「自立《じりつ》する？」と自分《じぶん》に問《と》いかけた時《とき》、「能《のう》」「習字《しゅうじ》（書道《しょどう》）」「絵《え》」も選択肢《せんたくし》のなかにありましたが、それを選《えら》ばなかったのです。

それは、なぜかはわかりません。ただ、もっと楽《たの》しいことがあるに違《ちが》いないと思《おも》ったのです。もっと楽《たの》しい世界《せかい》があるに違《ちが》いない！　と。

それが、「文献学《ぶんけんがく》」という道《みち》だったのです。

文献学《ぶんけんがく》とは、言葉《ことば》と書物《しょもつ》の歴史《れきし》をひもといていく学問《がくもん》です。

日本語《にほんご》や世界《せかい》の他《ほか》の言語《げんご》はどうやって作《つく》られているの？

漢字《かんじ》がどういう意味《いみ》で作《つく》られていて、昔《むかし》の中国人《ちゅうごくじん》は、どういう発音《はつおん》をしていたの？　１冊《さつ》の本《ほん》が作《つく》られるために、どれだけの人《ひと》の協力《きょうりょく》が必要《ひつよう》なの？

江戸時代《えどじだい》に作《つく》られた重要《じゅうよう》な本《ほん》なのに、日本《にほん》にはなくなって、今《いま》フランスのアカデミー・フランセーズの貴重書《きちょうしょ》の金庫《きんこ》にしまってあるのはなぜ？

世界《せかい》は、まだまだ大《おお》きな謎《なぞ》でいっぱいです。

こんな疑問《ぎもん》を、いくつも自分《じぶん》のノートに書《か》き込《こ》み、それを解決《かいけつ》するための方法《ほうほう》を検討《けんとう》して、世界中《せかいじゅう》の博《はく》物館《ぶつかん》、美術館《びじゅつかん》、図書館《としょかん》、大学《だいがく》、研究所《けんきゅうじょ》などを巡《めぐ》り、それぞれの専門家《せんもんか》の人《ひと》たちから話《はなし》を聞《き》いて、謎解《なぞと》きをしていくのです。

こんなに楽《たの》しいことがあるなんて！

さて、「自立《じりつ》」という熟語《じゅくご》は、日本語《にほんご》では「おのずから立《た》つ」とも「みずから立《た》つ」とも読《よ》みます。

「おのずから」だと、「いつのまにか、知《し》らず知《し》らずのうちに立《た》たされていた」ということになるでしょう。

「みずから」だと、自分《じぶん》から決心《けっしん》をして「ここで立《た》つ」覚悟《かくご》を決《き》めたということになります。

みなさんのなかには、「おのずから」立《た》つ人《ひと》もあるでしょう。ですが、「おのずから」立《た》つ人《ひと》も、いつかはきっと「覚悟《かくご》」を決《き》めるときがくるかと思《おも》います。自分《じぶん》が人生《じんせい》で、何《なに》をやるべきなのか、と。

人《ひと》は、言葉《ことば》によって生《い》かされ、言葉《ことば》を使《つか》って生《い》きていきます。言葉《ことば》こそが、人格《じんかく》を作《つく》る最《もっと》も大切《たいせつ》な栄養《えいよう》です。

否定的《ひていてき》な言葉《ことば》に身《み》をさらしていると、せっかくノビノビ元気《げんき》に伸《の》びようとする力《ちから》を削《そ》いでしまいます。

笑《わら》ったり泣《な》いたりしながら、たくさんのいい言葉《ことば》を目《め》にし、耳《みみ》にしてください。そうすれば、それがきっといつか心《こころ》の栄養《えいよう》となって、みなさんが「みずから立《た》つ」ときの「覚悟《かくご》」を後押《あとお》ししてくれるに違《ちが》いありません。それが、ここに記《しる》された３６６の言葉《ことば》なのです。

ぼくにも、「覚悟《かくご》」を決《き》めさせてくれた言葉《ことば》があります。

それは、「仕事《しごと》とは、人《ひと》を幸《しあわ》せにし、自分《じぶん》を幸《しあわ》せにするための自己表現《じこひょうげん》」という言葉《ことば》でした。「自立《じりつ》」への意識《いしき》は、「自分《じぶん》と、自分《じぶん》を囲《かこ》む全世界《ぜんせかい》の人《ひと》たち」との関係《かんけい》のなかで育《はぐく》まれてくるものだと思《おも》います。

本書《ほんしょ》でも紹介《しょうかい》しましたが、「あなたの人生《じんせい》を代《か》わりに生《い》きてくれる人《ひと》はいない」（ドリー・パートンの言葉《ことば》）のです。「自立《じりつ》」とは、自分《じぶん》の望《のぞ》む人生《じんせい》を生《い》きるための「覚悟《かくご》」です。古今東西《ここんとうざい》の人々《ひとびと》の言葉《ことば》によって、大《おお》きく羽《は》ばたく力《ちから》を心《こころ》いっぱい感《かん》じてほしいと思《おも》います。

２０２１年《ねん》　夏《なつ》　菫雨白水堂《きんうはくすいどう》にて　山口謡司《やまぐちようじ》

◆出典、参考文献

『「原因」と「結果」の法則』ジェームズ・アレン／坂本貢一訳（サンマーク出版）

『「言葉」が暴走する時代の処世術』山極寿一・太田光（集英社）

『「松本」の「遺書」』松本人志（朝日新聞社）

『「成功」と「失敗」の法則』稲盛和夫（致知出版社）

『「憧れ」の思想』執行草舟（ＰＨＰ研究所）

『１００年後まで残したい 日本人のすごい名言』齋藤孝（アスコム）

『20世紀名言集「科学者／開発者篇」』ビジネス創造力研究所編（情報センター出版局）

『7つの習慣』スティーブン・Ｒ・コヴィー／ジェームス・スキナー／川西 茂訳（キングベアー出版）

『ＯＮＥ ＰＩＥＣＥ 第10巻、第24巻』尾田栄一郎（集英社）

『Q&Aこころの子育て 誕生から思春期までの48章』河合隼雄（朝日新聞社）

『ＳＬＡＭ ＤＵＮＫ 第31巻』井上雄彦（集英社）

『アインシュタインにきいてみよう 勇気をくれる１５０の言葉』アルバート・アインシュタイン／弓場隆編訳（ディスカヴァー・トゥエンティワン）

『赤毛のアン』ルーシー・モード・モンゴメリ／村岡花子訳（新潮社）

『あしながおじさん』ジーン・ウェブスター／土屋京子訳（光文社）

『新しい道徳』北野 武（幻冬舎）

『あなたを変える ココ・シャネルの言葉』髙野てるみ（イースト・プレス）

『あまから人生相談』マツコ・デラックス（ぶんか社）

『ありきたりの毎日を黄金に変える言葉』ジョン・Ｃ・マクスウェル／齋藤 孝監訳（講談社）

『1日1話、読めば心が熱くなる３６５人の仕事の教科書』藤尾秀昭監修（致知出版社）

『雨天炎天』村上春樹（新潮社）

『海へ出るつもりじゃなかった』アーサー・ランサム／神宮輝夫訳（岩波書店）

『海辺のカフカ［上］』村上春樹（新潮社）
『エンデと語る 作品・半生・世界観』子安美知子（朝日新聞社）
『お金を極める１００の名言』石原壮一郎／ザイ編集部編（ダイヤモンド社）
『女海賊の島』アーサー・ランサム／神宮輝夫訳（岩波書店）
『風の谷のナウシカ 第6巻』宮崎 駿（徳間書店）
『カッコいい女！』夏木マリ（ＫＫベストセラーズ）
『金持ち父さん 貧乏父さん』ロバート・キヨサキ／シャロン・レクター／白根美保子訳（筑摩書房）
『ガンディー 強く生きる言葉』佐藤けんいち編訳（ディスカヴァー・トゥエンティワン）
『君たちはどう生きるか』吉野源三郎（岩波書店）
『きよしこ』重松 清（新潮社）
『ギリシア・ローマ名言集』柳沼重剛編（岩波書店）
『クリスマス・キャロル』チャールズ・ディケンズ／村岡花子訳（新潮社）
『ゲーテ格言集』ゲーテ／高橋健二編訳（新潮社）
『ケンジントン公園のピーター・パン』ジェームス・マシュー・バリー／南條竹則訳（光文社）
『幸福論』アラン／神谷幹夫訳（岩波書店）
『ことばの花束』岩波文庫編集部編（岩波書店）
『こども「シェイクスピア」』齋藤 孝（筑摩書房）
『こども「道は開ける」』齋藤 孝（創元社）
『五輪書』宮本武蔵／佐藤正英校注・訳（筑摩書房）
『三文オペラ』ベルトルト・ブレヒト／岩淵達治訳（岩波書店）
『思考は現実化する』ナポレオン・ヒル／田中孝顕訳（きこ書房）
『ロビンソン・クルーソー』ダニエル・デフォー／鈴木 恵訳（新潮社）
『ジョン・レノン 音楽と思想を語る 精選インタビュー１９６４－１９８０』ジョン・レノン／ジェフ・バーガー編／中川 泉訳（ＤＵ ＢＯＯＫＳ）
『新版 人生の指針が見つかる 座右の銘１５００』別冊宝島編集部編（宝島社）
『人生を動かす 賢者の名言』池田書店編集部編（池田書店）
『新篇 葉隠』山本常朝・田代陣基／神子 侃編訳（たちばな出版）
『スイミー』レオ＝レオニ／谷川俊太郎訳（好学社）
『世界ことわざ大事典』柴田 武・谷川俊太郎・矢川澄子編（大修館書店）

『ゼロ』堀江貴文（ダイヤモンド社）
『セロ弾きのゴーシュ』宮沢賢治（古今社）
『そして生活はつづく』星野 源（文藝春秋）
『ちはやふる 第1巻』末次由紀（講談社）
『チャールズ・M・シュルツ 勇気が出る言葉』チャールズ・M・シュルツ（KADOKAWA）
『月と六ペンス』サマセット・モーム／行方昭夫訳（岩波書店）
『ディック・ブルーナ ぼくのこと、ミッフィーのこと』講談社編（講談社）
『ティファニーのテーブルマナー』W・ホービング／後藤鎰尾訳（鹿島出版会）
『田園交響楽』アンドレ・ジッド／神西 清訳（新潮社）
『飛ぶ教室』エーリヒ・ケストナー／池田香代子訳（岩波書店）
『ドラえもん 第7巻』藤子・F・不二雄（小学館）
『ドラえもん プラス 第5巻』藤子・F・不二雄（小学館）
『ニュータイプの時代』山口 周（ダイヤモンド社）
『人間の土地』サン=テグジュペリ／堀口大學訳（新潮社）

『パウワウ―アメリカ・インディアンの今日を無駄にしない教え』エリコ・ロウ（青春出版社）
『白鵬の脳内理論 9年密着のトレーナーが明かす「超一流の流儀」』白鵬 翔監修／大庭大業（ベースボール・マガジン社）
『幕末維新 志士たちの名言』齋藤 孝（日本経済新聞出版社）
『はてしない物語』ミヒャエル・エンデ／上田真而子・佐藤真理子訳（岩波書店）
『バビロンの大富豪「繁栄と富と幸福」はいかにして築かれるのか』ジョージ・S・クレイソン／大島 豊訳（グスコー出版）
『ハリー・ポッターと賢者の石』J・K・ローリング／松岡佑子訳（静山社）
『ハリー・ポッターと秘密の部屋』J・K・ローリング／松岡佑子訳（静山社）
『ビアトリクス・ポター「生誕150周年 ピーターラビット」展』エリーニ・ヴァシリカ／河野芳英／森 静花（東映）
『必読！ 必勝！ 受験のための「孫子の兵法」』齋藤 孝（PHP研究所）
『美味礼賛［上］』ブリア=サヴァラン（岩波書店）
『プー横丁にたった家』A・A・ミルン／石井桃子訳

（岩波書店）
『弁論術』アリストテレス／戸塚七郎訳（岩波書店）
『ホーキング　未来を拓く101の言葉』桝本誠二（KADOKAWA）
『ぼくのマンガ人生』手塚治虫（岩波書店）
『星野リゾートの教科書　サービスと利益　両立の法則』中沢康彦／日経トップリーダー編（日経BP社）
『本音で生きる　一秒も後悔しない強い生き方』堀江貴文（SBクリエイティブ）
『まいにち、修造！』松岡修造（PHP研究所）
『枕草子』清少納言／池田亀鑑校訂（岩波書店）
『マンガ&物語で読む偉人伝　渋沢栄一　津田梅子　北里柴三郎』学研プラス編（学研プラス）
『マンガでわかる！　10代に伝えたい名言集』定政敬子文／北谷彩夏絵（大和書房）
『水木サンの幸福論』水木しげる（KADOKAWA）
『道をひらく』松下幸之助（PHP研究所）
『ムーミン谷の夏まつり』トーベ・ヤンソン／下村隆一訳（講談社）
『ムーミン谷の十一月』トーベ・ヤンソン／鈴木徹郎訳（講談社）
『無限の網　草間彌生自伝』草間彌生（新潮社）

『無敵の思考』西村博之（大和書房）
『紫の履歴書』美輪明宏（水書坊）
『モリー先生との火曜日』ミッチ・アルボム／別宮貞徳訳（NHK出版）
『やれば、できる。』小柴昌俊（新潮社）
『ユダヤ人大富豪の教え』本田健（大和書房）
『現代語訳　論語』齋藤孝訳（筑摩書房）
『吾輩は猫である』夏目漱石（KADOKAWA）
『愛蔵版　座右の銘』「座右の銘」研究会編（メトロポリタンプレス）
『宇宙兄弟　第11巻』小山宙哉（講談社）
『我が道　シリーズ2　原田雅彦』スポーツニッポン新聞社編（スポーツニッポン新聞社）
『簡単に、単純に考える』羽生善治（PHP研究所）
『鬼滅の刃　第3巻、第8巻』吾峠呼世晴（集英社）
『泣きたくなるほど嬉しい日々に』尾崎世界観（KADOKAWA）
『坂村真民一日一言』坂村真民（致知出版社）
『思考の整理学』外山滋比古（筑摩書房）
『失われた森厳』倉本聰（理論社）
『呪術廻戦　第1巻』芥見下々（集英社）

『渋沢栄一 明日を生きる１００の言葉』渋澤 健（日本経済新聞出版社）
『小学生で出会っておきたい55の言葉』覚 和歌子（ＰＨＰ研究所）
『心が強くなる言葉』中村天風（イースト・プレス）
『心を整える。勝利をたぐり寄せるための56の習慣』長谷部 誠（幻冬舎）
『神話の力』ジョーゼフ・キャンベル／ビル・モイヤーズ／飛田茂雄訳（早川書房）
『人生はワンチャンス！』水野敬也・長沼直樹（文響社）
『人生を変える万有「引用」力』齋藤 孝（ベストセラーズ）
『世界の女性名言事典』ＰＨＰ研究所編（ＰＨＰ研究所）
『世界の知恵を手に入れる 座右のことわざ３６５』話題の達人倶楽部編（青春出版社）
『世界最強の商人』オグ・マンディーノ／山川紘矢・山川亜希子訳（ＫＡＤＯＫＡＷＡ）
『成語林 故事ことわざ慣用句』旺文社編（旺文社）
『星の王子さま』サン＝テグジュペリ／河野万里子訳（新潮社）
『生き方名言新書1』林 真理子（小学館）
『絶体絶命 でんぢゃらすじーさん 第17巻』曽山一寿（小学館）
『戦国武将名言録』楠戸義昭（ＰＨＰ研究所）
『対訳・注解 不思議の国のアリス』ルイス・キャロル／安井 泉訳・注（研究社）
『誰でもカンタン！「いい字」が書ける』武田双雲（筑摩書房）
『置かれた場所で咲きなさい』渡辺和子（幻冬舎）
『中学生が感動したブッダの言葉』遠藤弘佳・小林良信（晋遊舎）
『中国の思想（6）老子・列子（改訂版）』松枝茂夫・竹内好監修／『中国の思想』刊行委員会編訳／奥平卓・大村益夫訳（徳間書店）
『超訳ニーチェの言葉』フリードリヒ・ニーチェ／白取春彦訳（ディスカヴァー・トゥエンティワン）
『長くつ下のピッピ』アストリッド・リンドグレーン／大塚勇三訳（岩波書店）
『直撃 本田圭佑』木崎伸也（文藝春秋）
『天才バカボン 第19巻』赤塚不二夫（竹書房）
『道は開ける』デール・カーネギー／香山 晶訳（創元社）

『二度とない人生だから、今日一日は笑顔でいよう』横田南嶺（ＰＨＰ研究所）
『必ず出会える！　人生を変える言葉２０００』西東社編集部編（西東社）
『父ちゃんの料理教室』辻 仁成（大和書房）
『風にのってきたメアリー・ポピンズ』Ｐ・Ｌ・トラヴァース／林 容吉訳（岩波書店）
『聞く力』阿川佐和子（文藝春秋）
『漫画バビロン大富豪の教え「お金」と「幸せ」を生み出す五つの黄金法則』ジョージ・Ｓ・クレイソン／坂野 旭漫画／大橋弘祐企画・脚本（文響社）
『夢をかなえるゾウ１』水野敬也（文響社）
『夢をつかむ イチロー２６２のメッセージ』「夢をつかむイチロー２６２のメッセージ」編集委員会（ぴあ）
『目に見えないけれど大切なもの』渡辺和子（ＰＨＰ研究所）
『ふたりはともだち』アーノルド・ローベル／三木 卓訳（文化出版局）
『緋色の研究』コナン＝ドイル／各務三郎訳（偕成社）
『映画 えんとつ町のプペル』
映画『シン・エヴァンゲリオン劇場版:||』
映画『スター・ウォーズ エピソード５／帝国の逆襲』
映画『もののけ姫』
映画『ルパン三世 くたばれ！ノストラダムス』
映画『耳をすませば』
映画『魔女の宅急便』
映画『ニュー・シネマ・パラダイス』
映画『プラダを着た悪魔』
『日本経済新聞 ２０１９年10月９日』（日本経済新聞社）
『致知』小平奈緒インタビュー（致知出版社）
『ＳＡＰＩＯ ２０１８年１・２月号』（小学館）
『Ｎｕｍｂｅｒ １０１０号』（文藝春秋）

※本書では、国名、会社名などの表記に、正式名称ではなく通称を使っているものがあります。

※この他、テレビ番組、ラジオ番組などの言葉を参考にさせていただきました。御礼申し上げます。

〈監修者略歴〉

山口謠司（やまぐち・ようじ）

1963年、長崎県生まれ。大東文化大学文学部教授。博士（中国学）。大東文化大学大学院、フランス国立社会科学高等研究院大学院に学ぶ。英国ケンブリッジ大学東洋学部共同研究員などを経て現職。専門は書誌学、音韻学、文献学。『日本語を作った男 上田万年とその時代』（集英社インターナショナル）で第29回和辻哲郎文化賞受賞。
著書に、『日本人が忘れてしまった日本語の謎』（三笠書房）、『語彙力がないまま社会人になってしまった人へ』（ワニブックス）、『心とカラダを整える おとなのための1分音読』（自由国民社）、『文豪の凄い語彙力』（新潮社）、『語感力事典』（笠間書院）、『文豪の悪態』（朝日新聞出版）、『頭のいい子に育つ0歳からの親子で音読』（さくら舎）、『明治の説得王・末松謙澄』（集英社インターナショナル）など多数。

装幀　村田 隆（bluestone）
装幀イラスト　SENRYU
本文イラスト　井上コトリ
組版・本文デザイン　朝日メディアインターナショナル株式会社
編集協力　中西后沙遠

13歳から自立するための言葉366

2021年10月5日　第1版第1刷発行

監修者　山口謠司
発行者　櫛原吉男
発行所　株式会社PHP研究所
京都本部　〒601-8411　京都市南区西九条北ノ内町11
〔内容のお問い合わせは〕教育出版部 ☎075-681-8732
〔購入のお問い合わせは〕普及グループ ☎075-681-8554
印刷所　大日本印刷株式会社

ISBN978-4-569-85063-4